我不是教你玩阴的

——机关中的心理学诡计

章岩 著

湖南人民出版社

图书在版编目（CIP）数据

我不是教你玩阴的 /章岩著. — 长沙：湖南人民出版社，2012.7（2024.6重印）
ISBN 978-7-5438-8495-3

Ⅰ.①我… Ⅱ.①章… Ⅲ.①心理交往－通俗读物 Ⅳ.①V912.3-49

中国版本图书馆CIP数据核字（2012）第131805号

我不是教你玩阴的

作　　者：章　岩
责任编辑：胡如虹
特约编辑：于向勇　王可飞
营销编辑：刘菲菲　董荣明
装帧设计：元明设计工作室

出版发行：湖南人民出版社 [http：//www.hnppp.com]
地　　址：长沙市营盘东路3号
邮　　编：410005
经　　销：新华书店

印　　刷：三河市中晟雅豪印务有限公司
版　　次：2012年7月第1版
　　　　　2024年6月第3次印刷
开　　本：700mm×1000mm　1/16
印　　张：17.5
字　　数：196千字
书　　号：ISBN 978-7-5438-8495-3
定　　价：59.80元

若有质量问题，请致电质量监督电话：010-59096394
团购电话：010-59320018

序 一

为什么有的人扶摇直上，有的人原地踏步？

同样是在机关混，为什么有的人一路顺风顺水、扶摇直上？有的人却怀才不遇、原地踏步几十年？

其根源何在？这一切难道是命中注定吗？

究其原因，就是机关规矩。在机关里混，你可以不懂琴棋书画，可以五音不全，可以不读四书五经，但一定要懂机关规矩！如果不懂机关规矩，那就会前途凶险、万事蹉跎，迟早有人赐你一个大大的"杯具"，让你痛悔终生！

或许你不以为然，甚至搬来李鸿章的话反驳我。李鸿章曾说："混机关是天下最容易的事，如果一个人连机关都混不好，那真是太无用了。"话虽如此，但如果你真这么想，那就错了。不要忘了，这只是一名机关老手的自谦之言，事实上，混机关绝对是世上最难的事！

要知道，机关是权力和利益聚集之地，是公众高度关注的焦点。机关中的诱人"蛋糕"，大家都在觊觎、争抢，其竞争激烈可想而知。另外，混机关也是一种脑力劳动，正所谓："劳心者治人，劳力者治于人。"在机关中，说话做事都要经过深思熟虑，这要累死多少脑细胞！你还认为混机关容易吗？

机关犹如无风时的汪洋，表面看上去风平浪静、一派祥和，事实上暗流涌动、凶险无比。看到机关里的上司、同事、下属个个对你笑脸相迎，千万别以为自己人缘好，个个对你都满意，殊不知对方可能对你讨厌透顶，正琢磨如何给你背后穿"小鞋"。有时候，上司对你挑错训斥、拍案怒骂，反而会提拔你……在机关混，一切都不能从表面看问题！

战战兢兢，如履薄冰，这是机关混的基本心态。你必须学会夹着尾巴做人，不能有个性，不能太张扬。但另一方面，你太没个性也不行，否则上级怎么发现你，又如何会提拔你呢？所以，必须懂得拿捏好这其中的分寸，该露头的时候要当仁不让，该潜伏的时候打死也不妄动。

多栽花，少栽刺，这是机关混的基本原则。正因如此，说话做事要周密。不要说太多话，言多必失，你不知道谁会抓住你的把柄猛烈攻击。不要说任何一个人的坏话，特别是在上司面前。因为上司会想，你会不会在别人面前也这样说我的坏话？正是这样，多栽花，少栽刺，众人都支持你；如果你栽了刺，不知道谁会在关键时刻捣乱，跟你玩阴的，背后捅刀子，让你防不胜防，临死都不知是谁干的！

江湖多凶险，机关多风波。你可以不跟人玩阴的，但不可不防别人跟你玩阴的，正所谓："害人之心不可有，防人之心不可无。"这本书正是教你如何在机关混的实用手册，它将看不见摸不着但又真实存在的一套心理法则和规矩，真实地呈现出来，从而让在机关的打拼者如鱼得水、游刃有余。

在中国，不管你承认与否，我们每个人都活在"机关"的暗影之下。社会上大大小小的各个行业和圈子，大都是机关的缩影。所以，如果你不懂机关法则和规矩，在社会上同样举步维艰。不管你是不是机关中人，只要你还生存在中国，就只有适应它、学习它！除此别无他法！

这是一本敢于说真话的书，一本将机关规则一语道破的书！

每一个在机关混的人都要读！

每一个在中国混的人都要读！

序 二

老祖宗们用鲜血和脑浆写下来的忠告

无论古今，机关中从来步步惊心。作为权益的集散地，机关中从来没有真正"安全"的时期。不管是身在高位，还是刚刚走进机关；不管背后有"山"，还是无"山"，能够真正保护自己的永远是自己的耐力。

在机关所有的结交手段中，最直接、最廉价、最有效的手法就是——点头。对不同人点头，意义是不一样的——对不认识的人点头，是友善；对浅交者点头，是示好；对机关密友点头，是默契。而对政敌点头，是强化自己的意识——"走着瞧，看谁笑到最后"。

中国几千年的机关生存规则告诉我们，小人要防，君子也要防。不防小人，小人做坏事的屎盆子就会扣在你的头上，摘也摘不掉，因为你对下属负有直接责任。不防君子，只要你做得稍有不好，就可能被君子揭竿而起，起来取代你！

做机关的夹心饼干很危险，但是，危险背后可能也是更大的机遇。因为夹心就意味着得到双方的"注意"，甚至可能是欣赏，所以才会需要夹心来表态。从这个方面说，如果和事老做得不错，两面都能得到认可，那么，不管任何一方上任，你都会得到提升。

在机关中，主角有主角的地位，龙套有龙套的地位。即使相同的话，主角能说，龙套也不能说，很简单，地位不同。在古代，不同职位的机关人员穿什么衣服、戴什么帽子、坐什么轿子，甚至家门口的石狮子身上的毛都不能一样。一样了，就越权了，就是以下犯上。如果你以下犯上的对象是皇帝，你就等于该死了。

中国的机关从几千年前就有了"成王败寇"的规律，中国文化也是如此，所谓"富在深山有远亲"，而穷在身边也可以成为路人甲。机关中更是得失之间，各类人马纷纷变脸。得势的时候，八竿子打不着的人也会满脸堆笑；而失势时，则人走茶凉，门可罗雀。

机关上有些事，即使有能力也不能强出头。因为做得越多，犯错的概率就越高。而自己过多地占用其他人的"机会"，就会引来他人的妒忌和反感。最后，不仅在上司那里吃力不讨好，而且还会引起同事的远离。

大多数人都知道，"说话"是个劳心费神的事情。每个王朝总是有几个勇于纳谏、忠肝义胆的人，但是，遇到了昏君，非但没有说服上级，反而毫无意义地送掉了性命。而那些在后面"中庸"处事的人，却躲过刀锋，安享晚年。少说话，晚说话，说糊涂话，就成为古代机关的特色。

缺席本身是一种隐藏。作为上级，本身就处于"显露"状态，而下属则处于"隐藏"状态，上级听到的看到的都是好听好看的。而缺席恰好将下属和上级的"明暗"作了对调。所以缺席并不代表你不关注你的下属。而是在缺席的时候，你才会看到下属最真实的态度。一些欺下媚上的人，往往在你缺席时表现明显。而那些本来对自己忠心的人，也就显露出来。你也就明白谁可以为我所用了。

承诺是上级驭人的手段。作为上级，需要下属为自己服务，在自己用人的时候有可用之人。尤其当下属比较优秀，或者上位者急缺人手的时候，下位者求去，上位者就会进行挽留。提拔就会自然而然地搬上台面。所以承诺可信，但不可全信，它是上司的一种意图，并不代表一定会实现。

在机关中，牢骚话不能随便说。如果一定要说，可以把握这样的原则：说古不说今、说外不说中、说远不说近。

有句话说："你是不是重要人物，看你每天做什么事就知道；你能不能成为重要人物，看你每天做什么事就知道。"或机关，或人生，这个道理是通用的。做的事情越多的，时间越不够用的，往往都是些打杂的底层的人；越往上走，地位越高，职位越重的，闲余时间越多，因为他们只负责处理最关键的事务，所以节省了大量的时间，用来思考和筹划未来的发展。所以不懂得拒绝无关紧要的事情，你就会慢慢地变成一个不重要的人；做不重要的事情，你就成不了重要的人物。

在机关中，你可以有性格，但不能有个性；可以很牛气，但绝不能高调；可以很强大，但万不可表现得比别人更强大。这就是个性定律。混在机关绝不能有个性，因为个性职员都没什么好下场。

聪明不是摆在货架上让人看的，而是揣在兜里自己用的。机关就像一条河，河水时而平静，时而汹涌。常在河边走，最要紧的事情不是看着前方，而是紧盯着脚下。哪儿有暗坑，哪儿是烂泥，步步谨慎，才能站得住，走得稳！

在机关中，最会讲坏话的往往是那些平时话不多的人。他们在说话这方面，不显眼，也不出风头，给人一种说话分量很重的印象：我这人要么不说话，要么就讲大实话。所以他们一张口，说的话就会引起人的重视。再加上他们善于语言包装，讲出的"坏话"自然杀伤力极大。

有些人，他们坐在办公室里，平时很精明强干，但你只要问他一些要紧的问题，他就顾左右而言他，一副听不懂的表情，让你无可奈何，又气又笑，觉得这种人很让人鄙视。其实这家伙深谙高明的生存术，不知摔了多少跟头才修炼到如此境界。

一个副职太能干了，正的就不高兴。因为你功高盖主，威胁到他的地位，他就要想办法整你；太窝囊了，底下的人又瞧不起你，背后就会议论你，让你夹在中间里外不是人，前途也受影响。机关的"陪衬法则"讲的就是怎么当好副职，如何做好正职的陪衬，既要让领导高兴，还得适时地展现自己的能力，让下边的人佩服。这是一门硬功夫。

上司对你说"我很信任你"，事实上可能对你极不信任。因为信任是不必说的，刻意说出来的一定有假，至少背后有水分。当他对你表态时，很可能正在调查你，或者想拿下你。因为不知道你是不是察觉到了他的意图，所以才会用这种方式进行试探。

如果一个领导发现自己每次出现在办公室时，属下个个噤声工作，大气不敢喘一下，而自己走后，办公室马上就会传来欢笑声，那就说明他是不称职的。这种形态非常危险，对工作不利，对他自己也不利。领导不仅要让员工畏惧，更重要的是他的存在与否不能使工作气氛冷热不定两极化。好的领导者都是办公室的调节剂，他出现时，下属工作更努力，他走后也不会有人把脚放到桌子上——发出"终于解放了"的感慨。

加班要让领导看见。陪着领导加班，就是最好的表现。因为人都有一种寻求患难与共的心理，一般领导加班也是不情愿的，谁不想下班休息啊！此时如果他看到一名属下也正在陪着自己孤军奋战，可想而知他对你的印象会有多好！他对你简直会有一种油然而生的亲切感！

人在机关，找人办事，找十个小人物比不上找一个大人物。所以在行动之前，得先把备选的人分析一遍，到底哪个是一号，哪个只是二号、三号，找准目标再行动，否则就可能事情办不成还挨一顿整。身在机关要找个靠山，道理也是一样的，就是要找那些真正有质量的，别找到最后傍了一个跑龙套的角色，给小弟当小弟，那副滋味可是一点也不好受！

有人说，真正的朋友，一是随时可以借钱的；二是随时可以打电话的。想想看确实有道理，但在机关中，这两者也都靠不住。因为你春风得意时，每个人都想借给你钱，都想随时接到你的电话。一旦你出了事，情况就不同了。有钱的变成了"穷鬼"，有时间的成了"大忙人"，平时跟你熟的瞬间化为"陌路人"。到那时你才知道，原来他们都是假朋友，以前的热情不过是在演戏。

小圈子定大事，大会议却是走排场。所有重要决议都将在会议结束或者午餐前最后五分钟完成，中间的漫长时间，不过是走过场，练耐力。参加的人越多，会议的内容越是在讲空话练口才，而真正重要的问题，却都在主要领导之间召开的秘密会议中决定。这就是机关的会议定律。

机关不仅是几间办公室、一群泡茶喝水的人，而且是一个大的生态场，足以让你窥一斑而知全豹，从中洞明世事、参透人情。如果不懂得变化，多为自己准备几张面具，作几个应对的备份，就会临阵失机，让人抢了先，出了风头。而且我们就算为自己留退路，也不可能只备一条"华容道"。手中拿着屠龙刀，身上穿着金丝甲，再扛一柄威力无比的霸王枪，能攻能守，进退有据，这样才能从容不迫地应对机关的各种突发情况。

挨骂的不一定是英才，但一定是受领导喜欢的人。领导常让他办事，尤其总让他为自己办些私事，免不了就得训斥两句。这跟自家孩子一样，说训就训。别人家的孩子，距离就远了，你会动不动就开口训斥吗？所以挨骂的是家人，不挨骂的只是路人。就像和珅，他贪污腐败，无恶不作，皇帝也整天骂得他狗血喷头，可他就是倒不了，奥妙就在于此！

人在机关，七分假，三分真。最后一张牌永远揣在口袋里，不到万不得已，绝不能甩出来。一个人要想在机关中吃得香、喝得辣、混得开，就得记住这句话：有时候自己都不可靠，何况别人？没有人会真心实意地帮助你，更不会有人终生为你保守秘密。所以，我们还是把秘密锁在心里吧，它就是你的未来前程、身家性命！

目 录

第一章 机关中的"机关" / 001

机关机关，处处机关。如果你将喜怒挂在脸上，被别人一窥内里，就很可能中了别人的"机关"。机关中的机关，就是如此简单和神妙！

机关第一要义 / 001
不要把喜怒挂在脸上 / 004
头要不断点，脚要不停踩 / 008
猛人是如何昏庸的 / 011
怎样做才能两面圆满 / 015
表面上的往往是假的，真的往往出现在背地里 / 018
在无情上做些掩盖 / 021

第二章 在机关中可以有性格，但不能有个性 / 024

一个深谙机关潜规则的老手，他宁可平庸，也不出头，更不会高调。在机关中亦步亦趋，城府很深。不该表现自己的时候，他一定像乌龟趴在山洞里，像石头藏在草丛里，把锋芒藏在肚子里。

你说的每句话上司都知道 / 024
在机关中可以有性格，但不能有个性 / 027
今天威风凛凛，明天就可能威风扫地 / 031

你可以不聪明，但不可以不小心 / 034
人微言轻，人贵言重 / 038
借人之威，成己之实 / 042
避免听坏话，更不要传坏话 / 045
偶尔对上级交心是必要的，但不要什么都说 / 050
装傻的人总是最不易犯错 / 053

第三章　机关藏露术——该藏就藏，该露就露 / 056

机关中步步惊心，但是机会也往往因为步步惊心而常常出其不意地来到。对于"一穷二白"的人来说，机会远远要比有雄厚家世的人来得更不容易，当出现问题时，危险也就更强。所以只有作足够的准备，恰如其分地走在别人前面，才不会被小人怀恨，也才能一揽琼枝，走上高位。

站错队比吃错药都严重 / 056
在机关中，你是主角还是龙套 / 059
机关中的马桶效应 / 062
控制自己的贪欲 / 064
机关生存潜规则1——补锅法 / 067
机关生存潜规则2——锯箭法 / 070
如何恰如其分地突显自己 / 073
不要得罪小人物 / 076

第四章　距离决定命运——如何维持上级、下级及同事的关系 / 080

距离决定命运！和上司的关系，太近了不行，太远了也不行。太近了，站错队，一旦上司倒下，就会大难临头。而离得太远，就会被上司"忽视"，做不出成绩。

如何与上级相处 / 080
让机关人心惊肉跳的"兔死狗烹定律" / 083
杀鸡儆猴——不行霹雳手段，怎显菩萨心肠 / 086

成王败寇，周围人纷纷变脸 / 089
机关内斗时，我们应该怎么办 / 091
一个不称职的机关人员有三条路可走 / 094
干得越多，错得越多 / 097
凡事请示，有乱必亡 / 100

第五章 "机关不倒翁"是这样炼成的 / 103

冯道是个机关老手。

作为唐宋之间五代乱世的一名大臣，历经五朝，换了十一位君主。朝朝为公卿，三次拜相，居相位长达二十余年。死后被追封为"瀛王"。所以，变动中也有不动。当机关人事变动，领导变了，你应该怎么变，怎样做才能成为"机关不倒翁"呢？

少说或者模糊说 / 103
了解领导的喜好，让它成为你的喜好 / 107
比靠山更可靠的是让自己有价值 / 110
不要玷污你的双手 / 113
如何对付新领导和旧领导 / 116
投降是获得机关权力的最佳手腕 / 119
机关中的暗箱操作定律 / 123
机关中的互惠原理 / 127
怎样做才能成为"机关不倒翁" / 130

第六章 如何增加你的威望 / 135

在机关里混，威望至关重要！是否有威望，决定你是否有资格当一个称职的领导。一个不懂得增加自己威望的领导，下属就可能小瞧和轻视他，从而在具体工作中，百事不放心上，肆意推诿，执行力度大大减弱。但是，难道只有领导才需要增加自己的威望吗？错！下属也一样需要！如果你是个毫无威望的机关人员，那么领导一旦需要选拔人才的时候，你就不会在他的考虑之列，这样你就失去了一个晋升的机会。

那么，有哪些有效的方法可以帮机关中的你我提升威望呢？

用缺席来增加自己的威望 / 135
故意制造神秘气场 / 138
犯错之后，如何维护自己的尊严 / 141
想晋升，先搞定大领导 / 144
机关中承诺可以听，但不可迷信 / 147
不要等爬到顶端才发现梯子架错了 / 150
机关读心术——3秒钟看穿人心 / 154
同学会跟你玩阴的，再好的朋友也会成敌人 / 159
在机关中，牢骚话不能随便说 / 161

第七章　机关高手都是"演技派大师" / 164

在机关中，你看到的好人，其实他可能坏透了；你看到的"坏人"，未必就有那么"坏"，有可能是被"演员"们联合造势给冤枉的。因为很多机关人员都善于表演，而你也必须修炼你的演技！但是，我们始终要有一个基本的道德底线。

在机关混，必须擅长表演之道 / 164
要想斗过奸官，好官要比奸官还要"奸" / 169
赢家说说笑笑，输家高喊"发牌" / 172
坏事往往比好事更容易发生 / 175
机关中的权力边际有多远 / 178
上层给的是真经，下面念的是歪经 / 180
地位越高，人们就认为自己能力越强 / 182
要想学会最节省时间的办法，首先必须学会说"不" / 185
晋升并不意味实权越大 / 188

第八章　永远不要比你的上司更出色 / 193

好出风头的人一定会被打压；木秀于林，风必摧之，露头的鸟一定是猎人的目标。只有上司舒心，自己才能放心；让上司担心，那自己只能是烦心，甚至会被干掉。这就是枪打出头鸟定律：任何时候，都不要比你的上司出色。

副职的工作就是做陪衬 / 193
永远不要比你的上司更出色 / 196
当领导说"我对你很放心",事实可能正好相反 / 199
你是他的人,他却不一定是你的人 / 201
高你半级的人,往往是最危险的,同级的是天然敌人 / 204
被"批评教育"的人,经常找自己的下级"批评教育" / 208
每升一级,人情味便减少一分 / 211
机关办公室活跃程度和领导密切相关 / 213
领导在,加班才是敬业 / 216

第九章 朋友多了路未必好走——机关办事找说了算的人 / 219

找人办事,找十个小人物不如找一个大人物。说了算的人才能真正帮你搞定头疼的事!人在职场机关,想找人办事,得先把备选的人分析一遍,到底哪个是一号,哪个只是二号、三号,找准目标再行动,否则就可能办不成事情,还挨一顿整。

找说了算的人 / 219
开会时最后发言的总是说了最算的领导 / 222
机关中的关系法则 / 224
春风得意时数量多但真的少,身处逆境时数量少但真的多 / 227
上级指导越多,经费越多 / 230
向上爬,一定要保持梯子的稳固 / 232
头脑拥有两种相反的思想,对行事却无碍 / 235
学会做没用的事 / 238

第十章 学会用左手剪指甲,因为你的右手未必永远管用 / 241

剪指甲,多数人都是用右手,但我们的右手未必永远管用,所以学会用左手剪指甲,还是很有必要的。机关是个变幻莫测的争斗场、名利场。一个人只有作多手的准备,事事都为自己提供多套选择方案,才能游刃有余。狡兔有三窟,才可进可退,进可攻,退可守。

为什么一个人越被人骂升迁得越快 / 241

学会用左手剪指甲，因为你的右手未必永远管用 / 245

领导最喜欢下边人打小报告 / 248

难以说清的小事最要命 / 251

小灶有营养，大锅饭多不精 / 254

三人共牧一羊，羊不得食，人亦不得息 / 257

你是"机关狼"，还是"机关羊" / 259

清楚组织底细的人应该被开除 / 262

第一章　机关中的"机关"

机关机关，处处机关。如果你将喜怒挂在脸上，被别人一窥内里，就很可能中了别人的"机关"。机关中的机关，就是如此简单和神妙！

◆ 机关第一要义

请牢记机关警世恒言——在机关里混以耐烦为第一要义！

因为身在机关会遇到许多烦事，还必须要处理这许多烦事。有的人处理一件烦事还可以，处理两件烦事也还凑合，但三件或三件以上的烦事就按捺不住了。这样就有可能心浮气躁，做出不理性的事，给自己带来灭顶之灾。

曾国藩告诫弟弟说："居官以耐烦为第一要义。"耐烦，即隐忍，浑厚而不"发露"。正是曾国藩像千年老龟一样的"坚忍卓绝之行"，才使得他游刃有余地行走于晚清王朝的政治舞台。

曾国藩在机关中与人交往，从来都是耐烦的，避免自己"发露"。

因为不耐烦，去显示自己、抢口舌逞一时之快，就会为自己招来无妄之灾。

耐烦是一种保全自我的智慧。机关斗争，处处陷阱，为了权益，每个人都最大化地玩弄手段。耐烦对于机关中的弱者来说，是最好的求生和保存自己的手段。古人说："潜龙勿用。"也正是这个道理。而对于强者来说，可以保存自己的实力，掩藏自己的野心，不被当权者察觉，以免被"记恨在心"，除之而后快。

历史上，真正的隐忍大师莫过于三国曹魏的司马懿。20岁的司马懿算个世外高人。当曹操听到有此人时，便请他出山。司马懿不肯，装病，被曹操发觉，于是发出狠话，不出山就杀掉他。无奈，司马懿被逼上曹魏政坛。曹操万万没有想到，这次逼司马懿会导致自己的子孙以后被司马懿逼死。

走上曹魏政坛后，司马懿过得并不风光，其间，还有几次大起大落，但这并没有削弱他的真正实力，反而让他更好地隐藏自己，一步步地接近权力中心。50年后，曹操死了，曹丕死了，司马懿显现出了"狼子野心"和惊人的权谋心机，最终掌握了曹魏大权，为司马晋朝打下了稳固基础。

当然，历史上像司马懿这样的人并不多见，几十年的隐忍也不多见，所以真正因为隐忍成功的人也不多见。靠隐忍取得较大成功的，除了司马懿，还有明朝万历年间的首辅大臣张居正。不过，首辅张大人虽然靠隐忍发家，但是因为位高权重，当万历帝执政、张大人病倒之后，张家就被抄家了。

过高的权力，本身就是一种"发露"，引人嫉妒和防范。如果张居正大人早些放弃权力归隐，抄家的概率就会大大降低了。

无论古今，机关中从来都是步步惊心。作为权益的集散地，机关中从来没有真正"安全"的时期。不管是身在高位，还是刚刚走进机关；不管背后有"山"，还是无"山"，能够真正保护自己的永远是自己的耐烦。

一个人无论从事什么职业，没有耐心、恒心，是很难把事情做成功的。不懂得耐烦，因为上司的某次训斥，和上司争锋，即使你是对的，也会让你失去原有的优势，堵住自己的晋升之路。而在下属面前毫无顾忌，被怀恨在心，为后来埋下隐患，终会阴沟里翻船的。

当然，机关中的耐烦并不仅仅是忍术，为了忍耐某种人、某个环境而被逼如此。耐烦是退中求进，是除去眼前烦恼，耐心地等待时机，并且筹划好自己下一步应该怎么走。

只有这样，忍耐才是有价值的，否则，如果忍耐而没有作为，就算是忍耐一辈子，在机关中也是毫无建树的。

耐烦，是人生修行的第一步，也是做人处世的首要条件。耐烦，表现在外时，是低头下视；蕴藏于心时，是沉着默照。耐烦的人，能够包容一切人事物境的纷扰；耐烦的人，能够放下内心的杂念、妄想。因此，无论在什么时候，做人要耐烦，才能有人缘；做事要耐烦，事业才能成功。所以说，真正耐烦的人都是有远见的，从来不会为眼前的利益心动，也不会为眼前的烦恼找自己的麻烦。有句话说，"人无远虑，必有近忧"。在机关中，尔虞我诈，是是非非，天天上演，盯着这些只能让自己眼花缭乱，而忘记自己最初的方向。

安静下来，多谋划、多思考，潜伏起来。只有这样，做事的时候，你才能专注；与人沟通时，你才能圆通。自然，这样才能成就自己，鸿运亨通！

◆ 不要把喜怒挂在脸上

机关机关，处处机关。

如果你将喜怒挂在脸上，被别人一窥内里，就很可能中了别人的"机关"。

三国时期，曹操率大军南下，意欲一统中原。于是，孙刘被迫联合抗曹。诸葛亮主动请缨去江东与东吴大将周瑜共商对策。经过一系列的唇舌较量，关键时刻，两位城府颇深的主战派缄默起来，都不愿意说出抗曹的计策。最后，两个人约定把计策写在手心里同时伸手。当两个"火"字映入眼帘时，两个人相视大笑。

第一次斗智，两个人战成了平手。

机关中是讲权谋、讲城府的，"喜怒形于色"只能暴露自己。很多人以为那些谎话连篇的人才是城府深的人，其实并不是如此。真正高深的城府者恰恰是低调平和的。

会掩藏，不要把喜怒挂在脸上

机关中总有春风得意和马失前蹄、不顺心的时候，自然人的心情也有喜有悲。但是，机关情绪化是害人的。一个喜形于色的人，即使有了成功，也会被人拉下马。所以，"谋臣"曾国藩认为，机关中的情绪化反应，是做人不成熟的表现。

在给曾国荃的信中，曾国藩说——

"……几年来，我愤怒激动时，你总是好言相劝；即使你自己愤怒和激动时，也会立即克制。由此看来，你以后的成就，肯定不可限量，福禄亦然。往往担当大任的人，必须有气度和胸怀，否则，忧虑之气积累在心中就会成为负担……"

有城府的人在看到自己的利益得失时，往往可以"取精华，去糟粕"，沉着冷静、按部就班地做自己的事情。机关机关，处处机关。如果你将喜怒挂在脸上，被别人一窥内里，就很可能中了别人的"机关"。所以，必须善于隐藏自己的情绪，保持低调、虚心和平常心，防止自己过于突出，引人注意。

少说话，含蓄说话

曾国藩对一个叫李鸿裔的幕僚很是钟爱。一天，曾国藩正与李鸿裔在室中谈话，来了客人，曾国藩便出去接待客人。李鸿裔无事，就翻看桌上的文稿，看到一篇《不动心说》。他觉得很可笑，于是，在旁边提了首打油诗，然后就走了。

曾国藩送走客人，回到书房，见到提的诗，让人叫来李鸿裔，对他说："这些人难免有欺世盗名的成分，言行也不见得一致。但是，他们能达到今天的地位，就是靠这个虚名。如果你一定要公开揭破它，那么他们就失去了衣食来源，岂不仇恨你？甚至杀身灭族的大祸都隐伏在里边了！"

李鸿裔出了一身冷汗，敬畏地接受了教诲。从此，他收敛锋芒，不敢再出言不慎了。

"言多必失"，说错话往往会带给你想象不到的苦果。在机关中说话不是拉家常，就算是聊天，也有人想从其中了解一些自己想知道的东西。

真正的机关高手间的较量也是不用唇舌的，而是背后的运筹帷幄。所以，当周瑜和诸葛亮定计的时候，选择了在手上写字，而不是说出来。当一句话在脑海里时，对自己对别人都没有影响。但是，当这句话说出来，你就必须为这句话负责。上司想听东，你却因为不懂说了西，自然就成为上司眼里的钉子，非拔掉不可。所以，如果不知道自己该不该说，最好的办法就是选择沉默。

当然，知道自己应该说的，一定要说，尤其是上司心里想说，但是有些话又不适合他说的，自然，这些话就要下属去张嘴。

聪明的人知道在机关中说话，要点到即可，不用明明白白、直截了当地说出来。这往往是在机关中滚打多年的人知道的经验。所以职位越大，说的话就越少，也越含蓄，让人云里雾里，不得其意。关键是看听话的人怎么理解。

提升涵养

没有涵养的人，城府只是表面的。所以古人说，修身、齐家、治国、平天下。只有提升了涵养，才会有治国的资本。同治九年（1870年）五月，曾国藩写了一副对联——

战战兢兢，即生时不忘地狱；

坦坦荡荡，虽忧虑亦畅天怀。

虽然曾国藩做官以"权谋"著称，但是，曾国藩做官和他的涵养是离不开的。机关里混的本质其实就是做人，只有人有了"胸襟"和"涵养"，才能把官做大。都说宰相肚里能撑船，不只是因为宰相能包容、能忍耐，更多的是有涵养。

涵养并不是说说而已的空话，它决定了一个人的品质。讲涵养，就要做到真诚待人，因为不管社会怎样发展，时代怎样变迁，诚实永远是做人的根本。你为人诚实，就可以广交朋友，并得到别人的认可和尊重；讲涵养，就要学会脚踏实地，不要被一些所谓的关系学和不正之风所左右；讲涵养，就要做到自省自悟，做到讲规矩有人格；讲涵养，就要做到不轻易发怒，不感情用事，对别人能够谦让和忍耐，不在细枝末节的问题上斤斤计较。

总之，涵养可以使一个人严肃而不孤僻，稳重而不呆板，沉着而不寡言，和气而不盲从。所以那些缺少涵养、小肚鸡肠的人，做官往往做不久，做不大。因为无论成功和失败，他们都会因为一时的得失而兴奋或大怒，自然，他们也难以控制自己的情绪，从而被人窥视。

◆ 头要不断点，脚要不停踩

当连战选择从政后，连震东这样教导儿子："为官如骑脚踏车，头要不断地点，脚要不停地踩！"点头，表示尊重别人；脚踩，一是自己实干，二是时刻踩别人。可以说，这两句话是古今中外机关的处世精髓。

机关是讲究礼仪的地方，讲究实干的地方，同样还讲谋略。当连战选择从政后，连震东这样教导儿子："为官如骑脚踏车，头要不断地点，脚要不停地踩！"点头，表示尊重别人；脚踩，一是自己实干，二是时刻踩别人。可以说，这两句话是古今中外机关的处世精髓。

在机关里混要结善缘，头要不断点

纵观机关，鱼龙混杂，是敌是友，需要看清楚。谁可以提拔你，谁可能打击你，更要看清楚。机关从来不是一个人的事，需要及时地结善避恶。否则，没有善缘，你就会因一人之怒而前途渺茫。相反，有了善缘，就会因一人之好而柳暗花明，成功上位。

在机关所有的结交手段中，最直接、最廉价、最有效的手法就是——点头。对不同人点头，意义是不一样的——对不认识的人点头，是友善；对浅交者点头，是示好；对机关密友点头，是默契。而对政敌点头，是强化自己的意识——"走着瞧，看谁笑到最后"。

除点头外，结交的另一方法就是微笑。在所有表情中，微笑是最容易接受和亲近的表情。微笑也因人而异。而在机关中微笑还更具一些深层意义，上位后，不敢张扬的微笑是害怕被人妒忌，小人对下套后的微笑，是阴险。而大人物的微笑不合时宜地出现，就意味着机关要变天了。

　　点头和微笑无论意味如何，都是行走机关结交善缘的法宝。尤其在敌我不明时，一个无意义的"瞪眼"，可能会把中立者推到敌对的阵营中，而示好的微笑则为自己壮大了势力。

　　不要小看点头、微笑这两个毫不起眼的动作，在关键时刻，它甚至可以保全一个人的性命。二战之前，有一个叫约翰的犹太人移居到波兰的一个小镇。他举目无亲，与村民更是素昧平生。但是他有一颗善良而虔诚的心，每次见到村民，他都脱帽致意，礼貌地点头，并送上一个微笑。开始的时候，村民们嘲笑他，认为他的行为是些多余的礼节。久而久之，村民们也习以为常了。

　　二战开始了，很快德军就占领了波兰的这个小镇，并要对犹太人赶尽杀绝。生杀令就掌握在一个从该村出去的士兵手里。他把追杀犹太人的军队分成两路，如果他指向右边的一路就意味着死亡，如果他指向左边的一路就意味着生存。轮到约翰了，士兵犹豫了一下，指挥棒指向了左边。就这样，约翰活了下来，而且他是这个镇上唯一活下来的犹太人。

　　不要小看点头和微笑，相识从点头开始，人们需要微笑，点头和微笑是人生的法宝。无论对任何人都要谦虚地点头，善意地微笑。

做实事，脚要不停地踩

只会点头微笑，就会被定义为马屁精，成为别人的枪。作用不是被人拿脚往下踩，就是被推出去挡子弹。因为谄媚的人没有真正的"创造效益"的实用价值。所以微笑和点头要想起到结交善缘的作用，还需要有实干作为支撑。

在机关中，实干要脚踏实地。只有不停地去踩地，才会走得稳，才会得到更多人的重视和赏识。优秀的实干者，往往是两个对立一把手的争夺对象。对于一把手来说，将之收之麾下，不仅添了名虎将，还少了位政敌。如果你想要上位，获得上级注意，那么，真才实学、踏踏实实去做才是最佳途径。

另外，实干者，于国家，于百姓，都是大有裨益的。有句话说，"空谈误国，实干兴邦"！虽然不一定事必躬亲，但是必须要有实际的行动和作为，去解决问题，做出成绩，拿出结果。只有这样，你的地位才能坐得稳，坐得牢，想要"空手套白狼"经营机关，很可能会被狼吃掉。

讲谋虑

只讲实干不讲谋虑是不行的。古往今来，多少才华横溢的人，被小人中伤而空叹？！所以不要做实干的傻子，还要看懂权谋，防止被人下套。如果被下套，那就要牢记教训，以防再被骗。在机关中不怕被人陷害，怕的是好了伤疤忘了疼。这样的人，即使有惊天的才华，创造了业绩，也会被人抢走。

在机关做事，就一定要有手段和心机。这里所说的手段和心机并不是阴谋诡计，而是做人做事的智慧和谋虑。这样既防止了别人对你的伤害，同时也增强了自己的竞争力，为自己创造成功的机会。如果做人没有手段、不懂谋虑，你将会被他人利用，甚至会被人暗箭所伤，陷入危险的深渊。

所以说，一个有谋虑的人，既要像豹子一样抓住自己的猎物，还要像老虎一样能守住自己的猎物，防止猎物被人夺走。

◆ 猛人是如何昏庸的

凡是"猛人"，身边便总有几个包围的人，围得水泄不通。结果，该猛人逐渐变成昏庸，有近乎傀儡的趋势……这就是包围定律。

一块磁铁放进沙子里，很快，磁铁就吸上来很多铁屑。铁屑被吸引是因为磁场的存在，离磁铁越近的，吸得就越紧。同样，权力场就是另一块大磁铁，不同的是，权力场吸引的是人，并且不分好坏，只要属于芸芸众生，都不可避免。这就是包围定律。

当各种意图的人向权力中心移动时，全场中心的最高职权者，就会被包围得实实在在。各种声音嘤嘤于耳。酸甜苦辣、个中滋味只有当权者才能明白。

因为意图不同，自然就分为三派，分别为：保权者、挖坑者、中庸者。五千年的权场斗争中，保权和夺权的各路人马纷纷上场，其中，不乏英明神武的当权者，也不乏色令智昏的昏君。

小人当道？

诸葛亮说："亲贤臣，远小人。"但是，相对贤臣来说，小人更善于包围，古时大多数贤人都患有清高的弊病。即使是诸葛亮也不能避免，刘备三顾茅庐才能收揽他。稍微"偷懒"的当权者，自然就不由自主地亲小人远贤臣了。

于是，挑拨离间、耳边风、敲边鼓等渠道的"建议"就源源不断地送到当权者的耳边。当周围都是小人的时候，当权者也就变成了一个最大的"小人"。不只是因为"近朱者赤，近墨者黑"，因为当权者已经没有条件选择黑和红，只有一种选择，那就是做小人。

所以鲁迅先生这样说，"猛人……身边便总有几个包围的人们，围得水泄不通。"最后，"使该猛人逐渐变成昏庸，有近乎傀儡的趋势"。

一旦包围太过，接受信息的渠道自然就会闭塞，孤陋寡闻。比如，某地大旱，庄稼颗粒无收，饿死不少老百姓，皇帝却问："他们饿了，为什么不吃肉粥？"而孤陋寡闻就会造成小人钻空子，趁机鱼肉百姓。

所以在机关中破解包围定律最佳的办法就是，让信息来源畅通无阻，从中权衡利弊，选择最适合自己的行动。

小人与贤臣的区别

无论什么样的当权者，在心理上都希望亲近贤臣。因为权力本身就意味着责任。虽然权力可以为当权者带来更大的欲望，但是，因为责任的存在，当权者就要克制欲望，为责任隐忍自己的本能。而当责任和欲望相冲突的时候，小人和贤臣也就有了分别。

唐太宗喜欢一只鸟，总是拿出来斗玩。但是，当他看到贤臣魏微过来，就偷偷地把鸟藏在袖子里。结果鸟窒息，死在了袖子里。因为魏微不希望皇帝玩物丧志，所以故意拖延时间和唐太宗说话，从而导致鸟死了。

如果唐太宗身边全是小人，自然为了迎合唐太宗的欲望，不只是一只鸟，甚至还会为唐太宗弄出成百上千只鸟来玩。所以从根本上说，贤臣是契合皇帝的责任心，而给当权者以支持；而小人则是迎合皇帝的欲望，而给当权者以选择。

值得注意的是，大多数小人为了保护自己的地位，是不愿意当权者败亡的，而贤臣则会为了保护黎民百姓，把当权者推翻，另立君主。这就是为什么虽然小人在当权者周围很多，但是真正因为篡位走向权力中心的小人却很少，反之，取上司而代之的贤人却很多。所以中国历史中，奸臣的比例远远要高于奸王。

中国几千年的机关政治告诉我们，小人要防，贤臣也要防。不防小人，小人做坏事的屎盆子就会扣在你的头上，摘也摘不掉，因为你对下属负有直接责任。不防贤人，只要你做得不好，就可能被贤人揭竿而起，起来取代你！

用贤人，还是用小人？

正是因为贤臣小人有这样的区别，才有了用贤还是用奸。真正的君主大都懂得,"水至清则无鱼",他们总喜欢在忠臣之间,放上几个奸臣。

乾隆帝明明知道和珅是个贪官小人,仍然给他高官,而自己的统治却固若金汤。女皇武则天则大肆利用小人,在极大地满足自己欲望的同时,也提拔了不少优秀的贤臣。她稳坐了多年的皇帝位置,当权时间长达15年。在做过杀女求宠、杀子夺权等让人胆战心惊的腹黑事件后,竟然可以安然退位,死后,下任皇帝遵从她的遗命,最终将武则天和唐高宗葬在一起。不得不说这是五千年来中国帝王中的一个另类。

当然,贤臣和小人之间的度,并不是每个当权者都可以把握好的。所以更多的当权者并不是都偏向亲贤人,成为贤君、明君,被人敬仰,比如,唐太宗。他们中大多都是亲小人,成为昏君,其中不乏被人夺权者,比如,商纣王、周幽王。

机关就是机关,明枪易躲,暗箭难防,背后算计你的小人永远都不可能消失。小人不可得罪,同样小人更不能饶恕。小人总有小人的一面,对待这种人你一定要做到稳、狠、准。当发现有小人算计你的时候,你可以装作什么也没发生,让人感觉天下太平、万事大吉,然后来个明修栈道,暗度陈仓。让小人们明白:小人也不是随随便便一个人就可以做的,做好人要有水准,做小人同样也有难度。

在机关中不管被什么人包围,不管自己用什么人,都要有自己的立场。最害怕当权者两头倒,没有主见,这样就容易被周围的人所控制。既没有贤人的大智慧辅佐自己，也没有小人伎俩背后"不得已的忠贞"，最后，只落得个孤家寡人。

◆ 怎样做才能两面圆满

中层领导就像夹心饼干的夹心。如果夹心饼干两头不讨好，就会被挤破，成为被打击的对象。相反，如果得到双方的认可，则成功就指日可待。

明朝首辅大臣张居正去世，张四维继任并抄了张居正的家，但是这位首辅也很快因病去世。此时，明朝堂中有资历的老辈只有万历帝的老师——申时行。就这样，申时行"被迫"走上了首辅之位。

明朝首辅一职虽然是一人之下万人之上，十分风光，但是实在不好当。了解万历年间历史的人都知道，首辅张居正精心辅佐万历帝，最后劳累病倒，但是下场依然让人心寒。不出一个月，墙倒众人推，就被万历帝抄家，弟兄、儿子受累被训，死的死，发配的发配。这让新任首辅的申时行更加强烈地意识到机关险恶。

相对张居正辅佐期间，申时行要"困难"得多，因为万历帝已经成人，不再是能被"忽悠"的小孩，有了治国的主见。而掌握政权的万历帝，因为长久被"欺压"在张居正之下，反抗意识更是强烈。

当万历帝和满朝大臣步调一致地处理完张居正后，没有了共同的"敌人"，君臣矛盾开始加重。大臣们还是希望像原来一样规劝万历帝，但是万历帝已经被规劝起了"戒心"。

此时的首辅申时行坐在一人之下、万人之上的位置，就要为君分忧。如果和万历帝对着干，朝堂就会乱套。而作为臣子本身，申时行又不能背叛自己的大本营——整个文官团体，否则当自己权势不在时，就很可能被小人诬陷，也会像张居正一样死后不得其所，家人遭殃。

于是，申时行开始在万历帝和众文臣之间游走。他规劝万历帝，但是看到万历帝对规劝充耳不闻，也没有强加干涉；而对待众文臣，也是态度友好，保持一致对外——皇帝。

历经九年的调节生涯，申时行如风箱里的老鼠，两面受饱了气。身心疲惫的申时行，因给皇帝的密信落入文臣手中，其中写道"唯亲断亲裁，勿因小臣妨大典"，被众大臣痛斥。首辅之位，申时行再也没有办法坐下去，最终选择了告老还乡。其中波折不断，历经了11次的请退，才赢得皇帝的允诺。

总体来说，申时行虽然政绩上无所成就，但是他却完整地保存了自己，过了一个安定的晚年，而且死后还被明神宗皇帝赐谥号"文定"。

和事老，搞平衡，弱化双方矛盾

机关中的饼干夹心，是个和事老的角色，因为两边谁都得罪不起，所以只好两边和稀泥，弱化双方的矛盾。"中层领导"是高层的左膀右臂、是团队的"带头人"、衔接着上下级之间的关系、缓冲着上下级之间的矛盾。只有双方的矛盾降低，自己才不会两面受气。对此古人总结为"中庸之道"。不过，如果主要问题没有解决，提前暴露出"两面派",就会被双方唾弃,只好灰溜溜地走人。所以,申时行看到事情"败露",赶紧告老,因为万历帝还不知道自己是个两面派,对自己还是不错的。

"走钢丝",不要摇摆不定与盲目屈从

往往两个争权夺势的人,都希望夹心层走向自己的立场,为自己加重赢权的砝码。但是,此时走向任何一方,都会增大自己的"生存危机"。很多人在分析双方利弊后,往往会投向强者,认为自己胜算大一些。但是,机关斗争只有最后一刻才知道谁笑到最后。你的分析资料往往是自己积累的,这并不代表所有。

在机关中,每个人都会为自己留一张底牌,只有最后决定胜负才会示人。所以过早地表明态度,或者左右摇摆,往往最终的后果就是——"猪八戒照镜子——里外不是人"。

在遇到这种情况时,最聪明的方法就是折中处理,两个都不得罪。你可以在任何一个领导面前表示你的难处,让矛盾永远留在他们两人之间,千万不要让他们把矛盾转移到你身上,要时刻做到淡定处理。

就事论事,做实事

只有最客观的态度,才能保证你不受牵连。而当其中之一上位之后,虽然你的"好处"没有,但是他不会因为你的客观态度而惩罚你。所以在面对两者之间的各种问题时,就事论事,不要升级和

扩大问题，否则，你只能成为被双方排挤的对象。

做实事的人，即使是饼干夹心，别人也不好说些什么。如果只是做虚事，只知道打交际，喝酒聊天套感情，到关键时刻，还是会被丢弃。而做的实事永远摆在那里，不管谁上位，都是功绩，可以成为保护自己的资本。

做机关的饼干夹心很危险，但是危险背后可能也是更大的机遇。因为夹心就意味着得到双方的"注意"，甚至可能是欣赏，所以才会需要夹心来表态。从这个方面说，如果和事老调解得不错，两面都得到认可，那么不管任何一方上位，都会得到提升。

◆ 表面上的注注是假的，真的注注出现在背地里

单位里的男女，表面上互相开玩笑，有事的概率不大；相反，看起来严肃相待的两个人，却可能关系更密切。

玩笑定律讲出了机关的一种奇特但并不奇怪的现象：真相往往隐藏在深处，就像单位里的男女之间，表面上玩笑开得越大的，实际上啥事没有；有时连句玩笑话都不说的男女，说不定背地里关系更为密切。

人在机关，就要学会透过现象看本质，识破伪装，防止被套。我们经常可以看到一些反腐新闻，讲某官一向给人以清白廉洁的形象，十几年来口碑极好，前阵子还有他出席重要会议的镜头、参加

企业奠基典礼的镜头，但是突然有一天，你看到的是他戴上了手铐，出现在法庭上，老老实实交代问题。

表面上的往往就是假的，而背地里的真相，经常与你看到的相反。玩笑定律告诉我们，机关并不好玩，办公室其实很复杂，充满变色龙，假象横生！

比如，平时说说笑笑的两个人，看着像亲密好友似的，可能他们却是利益不共戴天的对手。越是仇敌，表面上可能就越和善，绝不是人们想象中的仇人见面、分外眼红的那种状态。因为机关中的人都注重面子工程，既要给对方面子，同时自己也要体现出足够的风度。何况，机关从来都是一个"一团和气"的场所，无论内心恶心对方到了什么程度，面子上总还是要过得去的。只不过是互相用来攻击的手段，都是见不得人的，只有他们心里清楚。

东汉末年，王允为了除掉董卓，想了一计，就把吕布叫到自己的府上，有意让他看见貌美如花的貂蝉，再许诺将她嫁给吕布。吕布很高兴，谁不想娶个倾国倾城的美女当老婆，回家就赶紧准备。这时大家都知道他要娶王允的义女为妻了。谁知，王允又悄悄地把貂蝉送给了董卓，一下成了董卓最宠爱的女人。吕布全然蒙在鼓中，后来就被王允这招美人计和连环计给套住了，直到最后杀了董卓。

可见，大家都看得到的事情未必就是真相。有时我们亲眼见到的也不一定就是真实的，里面往往掩盖着很多秘密，甚至是截然相反的一种走向。机关做事就是如此，你觉得领导对你很重视，经常表扬你，肯定升你的职，但事实上，他可能正想干掉你呢，表面上对你好，不过是想麻痹你！

在单位，那些平时很少说话的人，看着很生分，联系也不多，却可能是立场坚定的盟友。拼命掩饰的一定有不想让人知道的东西，所以越是盟友的人，就越不想让别人知道他们的关系。盟友从来都是悄悄见面、暗地里联系，通过电话和秘密见面制订攻守同盟计划，交换彼此的信息。

这跟办公室恋情是一样的，有男女关系的人，绝少在办公室里打情骂俏。相反，你看到的是两位假正经、擦肩而过也不会说句话，没有工作交流就尽量不会接触，就像陌生人一样。有时还会让大家觉得他们之间有矛盾、是敌人、互相看不顺眼，怎么会擦出情爱的火花呢？但这都是假象，下班以后，谁知道他们会去哪儿幽会呢？

越是经常让人开玩笑的两个人，倒是很少能发展出真正的恋情。因为心里没鬼，自然接触起来就没有顾忌，该说笑时不避嫌，行为举止也很自然。如果你看到一对男女在办公室很亲密，经常勾肩搭背，他们之间超过六成的概率不会是男女关系，只不过是关系太熟了而已。

对玩笑定律，我们需记住三个关键的原则：

第一，通常你认为不会发生的，它一定会发生，并且会以你看不到的方式秘密地发生着。

第二，不要对任何人透露你对某个人的坏印象，尤其是那些平时跟你口中的"坏蛋"关系一般甚至很差的人，也许他们之间其实是密友和战友，而你却不知道。

第三，不要怕被开玩笑，特别是男女关系。在办公室，男女关系不是被玩笑证实的，而是事实。经常被开一下玩笑，反而是证明你清白的有力证据。对此，你的上司可比你更清楚。

◆ 在无情上做些掩盖

向书法家启功先生求字的人很多。一次，他得了重感冒，怕有人敲门，就在纸上写了几句话，"熊猫病了，谢绝参观；如敲门窗，罚款一元"。而后贴在门上，前来的人虽然"败兴而归"，但并不觉得丢面子，反而觉得先生很幽默。

如果当初关羽没有拒绝曹操的赏赐，那么，就没有所谓的千里走单骑，当然，也就没有了"武圣""忠义"等头衔。当时，已经做到是偏将军汉寿亭侯高位的关羽，如果跟着曹操，最终也不过像夏侯惇一样成为猛将之一。以关羽宁做鸡头不做凤尾的高傲个性，自然不会答应。另外，战乱时期形式变化很快，谁是鸡头，谁是凤尾，是不能定论的。

所以，面对曹操看似丰盛的诱惑，权衡各方面利弊之后，关羽选择了回归刘备的大本营。不过，在曹操多次的招纳人才中，不为己用，即被诛杀，为什么唯有关羽成为"侥幸"成功的拒绝者呢？

拒绝讲究条件

建安五年（公元200年）。曹操击败刘备，而在下邳镇守的关羽被围，被迫降曹。当时，和关羽谈判的是曹军大将张辽，关羽提出了三个投降的条件——

1. 降汉献帝（东汉最后一位皇帝）而不降曹操。

2. 保护两位嫂嫂的周全，并要求曹操以刘备的俸禄供给。

3. 知道刘备下落后，立刻寻兄。

曹操和众大臣商议后，认为可以接受。于是，关羽投降。这也为关羽后来千里走单骑打下了基础。

在机关中，不管是拒绝还是同意，都要为自己想好退路。没有退路的拒绝只能把自己逼上绝路。在机关中，弱者没有强迫要求对方的权利，但有为自己争取退路的权利，适当地提些条件，只要不触犯对方的根本利益，往往都会得到同意，比如，关羽提出的三条。

作为强者，面对的人大多都是前来求人办事的，所以也要把"条件"讲好，不管这些要求是"陷阱"，还是"伏笔"，当事情真的按照自己的意愿没有办成时，也不会招人怨恨。

掩饰无情：道是无情却有情

虽然关羽降汉不降曹，但是，当曹操在白马遭受袁绍围攻时，关羽一马当先，在万军中杀掉袁绍的大将颜良，解了曹操的白马之围。此后，曹操为关羽向汉献帝要来了"汉寿亭侯"的头衔。

关羽在被俘期间，曹操三天一小宴，五天一大宴，关羽当然没有义正词严地拒绝。当曹操给了关羽袍子，关羽也穿上了，但是，外面穿的是刘备给他的旧袍，表示自己不忘旧主；而曹操给了关羽赤兔马，关羽以能更快地见到兄长为由也收下了。

结果，关羽在曹操那里，好吃好喝好用，没有受到一点委屈，反而得到更多的赏识。

机关虽然是无情的，但是只要不触及自己的根本利益，能帮对方一把，就帮一把。在小事情上，顺其自然，顾及对方的面子，当自己提出要求后，别人自然也会记着自己的好，而给予让步。

所以，机关虽然无情，但也是讲情谊的地方，关键是怎样利用情谊为自己办事。

过五关斩六将：真正拒绝时，要坚决

历史上的过五关斩六将是假的。但是，关羽真的从曹操那里走掉也不是简单的。曹操一心纳贤，只有一心想走的人，才能走掉。

真正的拒绝，虽然讲究情谊，讲究策略，但是关键的底牌是不变的。在机关中，在拒绝的过程中，威逼利诱自然不会少。所以一定要坚持到底，执行自己最初的拒绝，不要因为某些东西改变初衷。否则，带来的就不止眼前的小困难和小犹豫了。

第二章　在机关中可以有性格，但不能有个性

一个深谙机关潜规则的老手，他宁可平庸，也不出头，更不会高调。在机关中亦步亦趋，城府很深。不该表现自己的时候，他一定像乌龟趴在山洞里，像石头藏在草丛里，把锋芒藏在肚子里。

◆ 你说的每句话上司都知道

别以为你的上司不知道你说了什么、做了什么。

事实上，你所说的每句话，都可能被传进上司的耳朵里。

朱元璋当上开国皇帝后，为了监督百官，设立了锦衣卫。这些人专属朱元璋，每天的工作就是向皇帝报告官员们每天都在干些什么，谁想谋反、谁贪污、哪些官员走得比较近、谁跟谁经常串联等。

一次，朱元璋接见一名官员，工作还没讨论完，突然问他昨天

的晚餐吃的什么。官员老老实实地回答了，朱元璋点头微笑，说："嗯，你没说谎。不过，以后节俭点，平时我白天的主餐不过两菜一汤，你只是夜宵就上了八个菜，是不是太浪费了？"该官员听了，汗流浃背，因为朱元璋不但说出了几盘菜，还把菜名都给他报了出来，丝毫不差。由此可见，锦衣卫对官员的监控有多么可怕。

这个故事讲的其实就是机关的透明性。在机关中，没有不透风的墙，即便没人像锦衣卫一样监视你，也总有人会告密的。无风不起浪，即便流言，也有它的出处。机关是一个透明的世界，说话之前，一定要先想好该说什么，不该说什么。做事时，要作好最坏的打算，即上司对你的行为一清二楚，不要妄想瞒天过海，因为败露的代价承受不起。

所以说，人在机关管好自己的嘴，要比做好该做的事重要一万倍。

你可以一事无成，但只要说错一句话，很快就会倒霉了。因为在上司的眼里，庸才自有他的用场，但不会说话的人却是万万用不得的，对上司说谎的人更是会被立刻踢出局。上司对下属有两个基本要求，第一是忠心，第二是诚实。为了验证一个下属是否达标，当领导的会不择手段，而且他有能力做到将办公室变得透明，不但看穿你的心肝肺，还能搞清你的脑子里在想什么。

作为一名下属，要怎么做呢？

首先，少说话多做事。

如果你对上司有意见，最好当面去说。他虽然有可能生气，却很少记仇。只要你不在同事们面前说，不在背后"诋毁"他。你时刻要记住,办公室到处都有通风报信的小人,当一句话从你嘴里说出来后,控制权就不在你,而在听到的人了。你再也没法控制这句话的传播,更无法掌控局势,要不然,历史上也不会有那么多的杀人灭口了。说出去的话,泼出去的水,想必你不希望祸从口出的悲剧发生在自己身上吧。

其次,尽量对上司说实话,不要瞒报虚报。

事情做得再不好,也要如实交代,听凭上司发落。有些人能力很强,但工作有了失误,喜欢蒙上领导的耳朵,给领导假信息。对这种下属,没有一个上司是喜欢的。相反,那些能力平庸的人,虽然事情办不好,但从来不会以假乱真,既听话又诚实,当领导的就喜欢用这样的人。

最后,揣摩上司的心思,适时说话。

机关既透明,又黑幕重重,真真假假,难以分辨。如果总是实话实说,或者说话时不看时机,不注意身份,也会出问题。有些领导想听你讲实话,有时他又希望让你说假话。因此,揣摩上司的心思,就成了一门艰深重要的功课。

比如说三国时的刘备,临死前把诸葛亮叫到床前,将刘禅托付给他,让他监国,还说了一句很著名的话:"如果我儿子不成器,你就取而代之吧,废了我儿子自己当皇帝。"这话听着是好事,可是很阴险啊!诸葛亮怎么办,他说真话还是说假话?就算他将来有可能李代桃僵,也不可能告诉刘备。因为刘备要死了,这时候就是要给儿子接班作好铺垫，诸葛亮只要稍露一点异心，那脑袋立马就没了。

换到刘备的角度看，他希望听诸葛亮说真话还是假话？很显然，他希望听到的肯定是假话，即便他觉得诸葛亮真有可能废了自己的儿子，也希望在临死前听一听诸葛亮表表忠心，好让自己死得安心，走得放心。所以诸葛亮扑通就跪下了，涕泪直流，又是表忠心又是捶胸口，甭管真假，最后刘备放心而去。

这就是说话的艺术，领导随时会知道的秘密，有时你要实话实说，有时却需要掩饰和隐瞒。不知有多少人在这种事情上栽过跟头。他们都觉得自己没犯错、没说谎，但是，你做的是对的事情吗？有些话说得虽然真实，但未必正确。

不管在职场还是在机关，只会说实话并不等于会说话。明明老板已经知道的问题，但他让你再叙述一遍时，也不一定就得实话实说，因为你还要猜测老板真正想听到的是什么。拣他最想听的话说，做他希望你做的事，透明定律对你就不会有害处了！

◆ 在机关中可以有性格，但不能有个性

机关中不能有过于个性高调的人，哪怕你说得很对，也算你泄露了"机密"；而那些看似平庸低调之人，哪怕是做了错事，他不说出来，就不算泄露机密，就会相安无事。

在机关中有一个规律：人的个性与他的办事能力成正比。一个人的办事能力越强，个性也就越强；一个人的办事能力越差，就越没有个性。但是个性越强的、能力越强的、锋芒越露的，往往职位就越低，前景也非常不妙。听起来不合理，也不正确，但这就是机关的现实，每个人都要面对，并且适时地调整自己。

知道中庸的本质是什么吗？在机关里，中庸就是可以有性格，但不能有个性；可以很牛气，但绝不能高调；可以很强大，但万不可表现得比别人更强大。这就是个性定律，机关人员绝不能有个性，因为机关人员太个性都没什么好下场。

所以在机关中会有这样的现象：业绩平庸的机关人员平步青云，占据要职，掌握着最多的资源和实权，而做事能力很强的实干型机关人员却总是受到压制，得不到公正的对待。从能力上讲，这属于逆向淘汰的不正常现象，但从一个机关人员的生存角度来看，这却是他自保和飞黄腾达所必须领悟到的规则。

一个懂个性定律的机关人员，他宁可平庸，也不出头，更不会高调。在机关中亦步亦趋，城府很深。不该表现自己的时候，他一定像乌龟趴在山洞里，像石头藏在草丛里，把锋芒藏在肚子里。

这具体表现在：

第一，他从不会挑上司的毛病，在日常行为和自己的工作表现中，他对自己的上级没有任何威胁，口头上绝不带刺，做忠实的仆人。这让领导极其重视他，因为使用这样的机关人员没有危险。那些有个性的机关人员往往太坚持原则，对上司的错误不能容忍，敢于指正和揭发，没几个上司会放心地使用他们，因为这样的下属很容易得罪他人，引起祸端，让自己吃不了兜着走。

第二，他有罪自己承担，有功推给领导，做领导最信任的一把伞，遮风挡雨，还能帮领导创造政绩。你说，哪个上司不喜欢这样的下属？哪怕他能力有限，上司也会给他机会锻炼。因为他会为自己创造业绩，而这在某些领导的眼中就是能力，就是优点。如此一来，他爬升的机会就增多了。

第三，"低调做事，高调做人。"这是此类机关人员身上共同的特点，他们即使不会做事，也很会做人。虽能力不足，却让你信任，让你全身舒坦。因为他的嘴巴很紧，不会泄密，有事全装在肚子里，即使听到不该听的，也能装聋作哑，替上司保守秘密。

电视剧《传奇皇帝朱元璋》里朱元璋少年时代在皇觉寺的好友云奇，在朱元璋发达以后来投奔他，朱元璋就让其在身边做个管家。云奇就深谙这一点，凡是朱元璋吩咐的事，他一概严守秘密，旁人一问三不知，连马皇后和郭宁妃找他打听朱元璋在做什么，他也装得像个傻子，好像一块没有生命的石头。这样的下属，朱元璋当然打心眼里喜爱了，于是给了他很大的权力。在朱元璋疑神疑鬼大开杀戒的晚年，云奇最后也得了一个善终，没成为朱元璋的刀下鬼。可以说，正是"忠心为仆、严守秘密"这一点，保住了他的命。

另一个太监就不一样了，他很想在那些朝廷的权贵面前突出自己的才干，就拿宫里的事情卖给外官，希望得到重视，发点小财。结果让皇帝发现了，最终落了个死无葬身之地。

性格和个性，人们经常混为一谈，其实两者有着很大的区别。性格是一个人本身的秉性，他是好人还是坏人，有激情还是比较理性，这些都是比较正常的。也就是说，你可以是好职员，也可以是坏职员，哪怕坏得流脓都没关系，机关上都有你的立足之地。但是，千万注意表露的时机，当你用不同的方式把自己的性格表现出来时，就体现出你做人和做事的个性了。

有些人很大嘴，什么都敢说，一点不顾忌旁人的感受。不但敢说，而且说出来的话还带刺，特别伤人。种人就算能胜任很重要的职务，上级也不会考虑他。因为机关是一个酱坛子，大家必须是一样的。"木秀于林，风必摧之。"谁选择不恰当的时机露头，非要风光一场，谁就可能成为公敌。

历史上著名的改革家，无论是秦代的卫鞅（即商鞅）、宋代的司马光、明代的张居正，他们都是几千年来难得一见的个性机关人员，有能力也有魅力，敢于除旧布新、铲除弊政，也不向大多数同僚低头。当有一个欣赏他们的强力君主支持时，他们可以放手实施自己的改革计划，取得很大的成效，但当靠山不在时，形势顿时就会逆转，失去皇帝支持的他们，下场也都比较惨。

卫鞅在秦孝公死后，旧的贵族集团疯狂反扑，诬其谋反，把他车裂；司马光和张居正也都在自己死后，遭遇了舆论如潮的批判，等于是被踩在脚下，全面否定。

像他们这样伟大的有个性的机关人员，都难逃同僚的算计和诋毁，更别说我们芸芸众生了。在机关中，棱角磨不平，你就混不久；在职场中，出头鸟一定会挨枪打。要想如鱼得水，游刃有余，你就得有性格，但是要无个性，将自己蜷缩成"外圆内方"的形状。

◆ 今天威风凛凛，明天就可能威风扫地

老子说："祸兮，福之所倚；福兮，祸之所伏。"权力没有时间保障，今天可以意气风发，明天就可能倒台。所以在机关中一定要有畏惧感和危机感，时时提醒自己要小心谨慎。

好事和坏事从来都是可以互相转化的，今天是威风凛凛的公鸡，明天就可能被拔掉毛，做成了鸡毛掸子。有句话叫"乐极生悲，物极必反"。这个道理不管在什么地方，无论做什么事都是适用的，而且我们都有过这方面的经验。摔了跟头才知道刚才的风光只是一个警示；丢了位子才想明白得意时的作为是多么幼稚。

最得意时你要夹紧尾巴

人在得意时就想竖尾巴，尾巴一撅起来，就容易让人给揪住！多质朴的道理，可就是有人记不住！我们看几千年来的机关，那些被人搞掉、或死无葬身之地、或身败名裂的达官贵族，无一不是在这一点上昏了头脑，犯了错误。

明朝大将军蓝玉，是在他军功最辉煌的时候倒掉的，整个蓝玉案被朱元璋杀了几万人，可谓是从天堂掉到地狱的极致典型。明代的开国功臣傅友德亦如此，觉得自己了不得了，就得意地向皇帝索要良田，结果得到了一个被赐死的结局。

春风得意就猖狂，一猖狂就掉进河里。风光时把尾巴撅到天上的人，下场往往不那么美妙。特别是在机关中，功高盖主必被杀，得意忘形一定要倒霉，这是铁律。汉代的大将军卫青就很懂事，他知道自己功劳越大，将士们对他越拥戴，皇帝就对他越不放心，所以即便荣宠集于一身，他也极为低调谦虚，将功劳都分给大家。卫家权势当时极重，汉武帝也对他起过疑心，但终因卫青很会做人，毫不贪功，对皇帝没有任何要求，姿态摆得很低，最后才得到了一个善终。

得意时不忘形，失意时不气馁，这是每一个机关人员都一定要具备的心理素质，否则你就很难成大事，也很难走远。一个人无论处在什么位置都要学会谦虚，切忌狂妄自大。俗话说"祸兮福所倚，福兮祸所伏"，福祸之间是可以互相转换的，得意到了极点，往往就是失意的开始；最辉煌的时刻，就意味着你将开始下坡。所以最得意时恰恰要夹紧尾巴，低调做人。不然的话，在你不可一世、摇尾巴撒欢之时，灾祸也就悄悄地降临了。

时刻有危机感

董卓想废掉汉帝另立一个皇帝，就找袁绍来商量。当时董卓兵重权大，占据京城，袁绍只是一个军官。听到要废帝的想法，袁绍当然不同意，董卓拔出剑来，冷笑："难道我的剑不够快吗？"袁绍岂受得了这种气，也拔出剑来，挡在胸前，怒目以视："你的剑能杀人，难道我的剑就不能杀人？"然后拂袖而去。

回到家，袁绍越想越不对劲，姓董的很重面子，肯定会找自己算账，于是他骑上快马，连夜逃出城去。果然，走后不久，董卓就派兵去追杀他了。这时袁绍已经逃出京城，跑到了冀州寻求庇护，董卓鞭长莫及，只得作罢。袁绍能捡得一条小命，完全是因为他意识到董卓不会善罢甘休，一定会在手下的怂恿下杀掉自己。尽管袁绍是名门之后，四世三公，是汉代有名的望族，而袁绍对董卓也是有恩的（因为正是他的极力推荐和建议，董卓才有机会带兵进京）。但是，无论如何，无限的荣光在真正的危机面前都是脆弱的。摆着一副于董卓有恩、即使得罪了他也不必担忧的态度，当天晚上，他的脑袋就得搬家了。

未来是不可预测的，而且我们也不可能天天都有好运，所以做人要有危机意识，在心理上及实际作为上有所准备，以便应付突如其来的变化！让自己的内心产生危机感，或许不能避免坏事情的发生，却可以把损失降到最低，在关键时刻可以为自己找条生路！时刻具备危机感，这样一个人才能在机关中生存下去，才能摆脱给他人当炮灰的命运。

必须学会知足

人之所以为自己招惹祸端，正是因为太不知足。"人心不足蛇吞象"，升到了县长想当市长，当了市长又想当省长。所以即便春风得意，日子过得已经不错，还是伸着手不停地索取，全然不顾自己根基不牢，得罪的人越来越多。这样的话，手伸得越长，仇人也就越多，早晚有一天会遭到算计。

就像董卓，一度威风凛凛，生杀大权全握在己手，可当他被吕布杀死后，最后竟落得个曝尸的悲惨境地。若他当年收敛自己的欲望，安心做一个辅君安国的忠臣，不那么胃口大开，又何至于死无葬身之地呢？

所以弗雷德定律其实是对欲望满足程度的一把衡量标尺，而欲望又是对一种名与利的追逐。在趋利避害本能的驱使下，人们都在争取着自己的福，最大限度地避免自己的祸。但能否真的做到在机关中水不湿鞋、雨不淋身，就要看自己能否控制贪心、收敛自己的欲望了。

记住，昨日的福可能就是今日的祸，而今日的祸也可以变为明日的福。如果能够明白世事的多变与福祸的短暂，在机关中的是非就会少很多。

◆ 你可以不聪明，但不可以不小心

机关三十六计，小心为上。不要触犯别人的利益，不要被别人推出去当靶子。否则，就算你足够聪明，也会因为得罪人而被穿小鞋。

在机关中，你可以不聪明，但不可以不小心。你是庸人没关系，这个世界自有庸人的立足之地，庸人也能活得快乐无比，风光无限；

是白痴也行，白痴在机关中也自有妙用，有时越白痴反而升得更快，但就是不能做粗心鬼。

做人要谨慎，做事要小心，肚子要大，嘴巴要小，眼睛要亮，才能安全处于机关中，这就是谨慎定律，机关安全之基础。不能得罪人，不可随便触犯他人的利益，要缩成一个圆，化成一杯水，在夹缝中穿梭自如，否则小鞋可有的穿。

小心驶得万年船

一个人很聪明，心眼多，才能强，可他如果有粗心大意的毛病，那就完了，在机关中肯定吃不开。不但吃不开，还会处处碰壁。当然，这不是说人越笨越好，而是在讲聪明人立身处世的方法：小心才能驶得万年船，聪明只有慎用和擅用，才能为自己带来利益。

特别是当一个人还在基层时，他最需要的就是小心谨慎。因为基层的工作都很简单，不需要你有多么高深的智慧和聪明的头脑。但在机关中，越是简单的事做起来就越需谨慎。很多机关人员都是在简单的问题上犯了粗心的错误，才让前程蒙上一层阴影，甚至被踢出局。

那小心体现在什么地方呢？

第一，说话要谨慎，不该说的话不说，轮不上你说的话，那就更不能说。正话反说，反话正说，好话坏话怎么讲，都很讲究，绝不是张口就开、口无遮拦。上司的工作，别在背后点评；同事的表现，更不可评头论足。说话不慎，就会得罪人。有时候，你得罪一个人，就等于得罪了一批人。因为机关是讲究阵营的，尤其那些有靠山的，你对他指手画脚，就相当于对他的靠山不满，那你还有救吗？

第二，做事要小心。在机关中，做事就代表着触动利益。很多好的政策之所以无法执行，就因为牵扯着一大帮人的切身利益，谁都不想让利，所以就让局面僵持着。这时候就会有冤大头冒出来，空有一腔报国志，满怀信心地去切蛋糕，可他却不知道这是得罪人的活。所以别看事情做得对，结果却很不妙，就是这个原因。他得罪人了，一定会倒霉。就算做完的事情，也可能会被翻盘。

古时候，皇帝要想推行新政时，就会用一些刚正不阿的人。因为皇帝知道，这样的臣子没有"小心谨慎"的概念，做起事来雷厉风行，不管是谁的利益，他都敢动。得罪人的事情，就让这些人去干。新政推行成功了，为了平复利益受损的人的情绪，皇帝再找个由头，把这位"改革家"罢官流放，甚至扔进监狱。

五千年的历史中，这种事情太多了。商鞅变法，使秦国一跃成为六国首霸，这是多么利国利民的好事，可他最后为什么被五马分尸呢？就因为他的变法得罪了秦国的贵族。他在变法的时候没有顾及这些人的利益，没有采取一个万全之策，才给自己惹来了事后的杀身之祸。

一般来说，惹来杀身之祸的人，都是才华横溢、百年难遇的忠良。站在理想的角度讲，他们对国家起到了积极的作用，但站在现实的角度，我们却会发现，他们个人的命运，一般都是极为落魄，甚至是悲惨的。

机关失败之道：妄自尊大一定受惩罚

聪明的人有很多，但聪明人之所以失败，是因为他们过于自信了。不聪明的人，最多笨拙一些，事情做得差一些。在机关中，这没什么。只要听话，笨蛋也照样能爬到很高的位置；但如果妄自尊大，一般都没什么好下场，比如，杨修就四处卖弄，还在曹操面前显摆聪明，没得到重用不说，还掉了脑袋。

清代，南方有个秀才叫汪善宁，从小时候起就被视为神童。他三岁背唐诗，六岁就能作诗。后来他一举中第，进了苏州府衙做了知府的执笔。执笔就相当于现在的文秘，给领导写写发言稿、润润笔之类的。在当时，这是和师爷类型相似的官吏，是领导身边的左膀右臂。

汪善宁仗着自己有才，瞧不起师爷，经常嘲笑他"腹中无墨，口余蜜油"。意思是师爷才能没有，拍马屁是内行。师爷倒也忍了，每次都是笑笑，但内心却很忌恨，就等机会来报复他。

一次，知府召开紧急会议，要商量给前线筹集粮草的大计，太平军一路高歌猛进，苏州形势危急。汪善宁因为家里临时有事，迟到了足足一刻钟。知府很不高兴地斥责他耽误军国大事。这时，师爷一看机会来了，马上就站出来把汪善宁平时的"所作所为"向知府告发，很多平时对汪善宁看不惯的人，也都站在了师爷那边。知府知道汪善宁引起众怒，平时可能压一压就过去了，但是，现在恰逢需要鼓舞士气、严明纪律的时候，所以立刻就把汪善宁关了起来，以延误军机的罪名给处死了。

可怜可叹，一代神童死在了自己的才高气傲和口无遮拦上！做人大意至此，得罪同道之多，才华即便胜过管仲，又能怎么样？

在机关里混是有危险的，而自大更是取祸之道，加大了在机关中的危险系数。管不住嘴巴，想训人就训人，以为同事都是无能之辈，谁都比不上自己；到处拿架子摆谱，也不看看是谁的地盘，这一圈下来，周围的同僚全成了敌人，一堆小鞋等着你穿，那就混不下去了，走人是早晚的事。所以要在机关混，得先承认自己的无知，闭着嘴学，弓着腰走路，像条泥鳅一样生存，能屈能伸，这才是良策。

记住，聪明不是摆在货架上让人看的，而是揣在兜里自己用的。机关就像一条河，河水时而平静，时而汹涌。常在河边走，最要紧的事情不是看着前方，而是紧盯脚下，哪儿有暗坑，哪儿是烂泥，步步谨慎，才能站得住、走得稳！

◆ 人微言轻，人贵言重

一个人地位越高，越有威信，越受人敬重。他说话做事，就越有说服力，越容易引起别人的重视，从而也相信他做的事和说的话都是正确的，即"人微言轻，人贵言重"。

美国心理学家作了一个实验，他从外校请来一位德语教授，给心理学系的学生们讲课，说这是从德国来的著名化学家。然后，这位"化学家"装模作样地拿出一个装着蒸馏水的瓶子，说这是他新发现的一种有气味的化学物质，让学生们闻，谁闻到了就举手。结果，大多数学生都把手举了起来。

由于这位化学家"权威"性的暗示，大多数学生选择了跟从和认同，即便一点气味也没闻到，他们也认为"应该是有气味的"。然而在另一堂课上，介绍这瓶水的老师换成了学生们熟知的普通老师，就不再有学生举手了。即便有人闻到微弱的气味，也不相信老师真的发现了一种新物质。

这就是权威效应。同样一句话、一件事，因为人的地位不同，而对大家产生的说服力度就不同。"人微言轻，人贵言重。"其中的差别就是人的地位导致威信的不同，使得他们说的话和做的事具备截然不同的权威。

在机关中，这种现象更是普遍存在，领导说的话就是"真理"，就"正确"。一件事可行不可行，同样的观点，从同事的嘴里和领导那里听到，大家的认同度是完全不一样的。所以聪明的领导会利用"权威效应"去引导和改变下属的工作态度以及行为，这比命令的效果要更好一些。

相同的是，一个优秀的领导，他首先要增加自己的威信，其次才是驭人。在机关中，权威的引导永远比强硬的命令有效。

根源是人们有"权威崇拜"的心理

人们普遍有一种"权威崇拜"的意识和习惯，觉得权威人物说的和做的就是正确的，服从他们会使自己具备安全感，增加不会出错的"保险系数"；其次，由于人们有"赞许心理"，即大多数人总认为权威人物的要求往往与社会规范是一致的，按照权威人物的要求去做，就会得到各方面的赞许和奖励。在这两种心理的综合作用下，就诞生了权威效应。

南朝刘勰写了一部《文心雕龙》。这部作品刚写出来时，根本无人问津。他去请当时的大文学家沈约审阅，沈约不予理睬。后来，他装扮成卖书人，将作品送给沈约。沈约阅后评价极高，很快这本书火暴起来。几年前后，《文心雕龙》成为了中国文学评论的经典名著。如果刘勰只是把书印出来就不管了，恐怕我们现在已经见不到这本经典名著了。

现在很多人出书都喜欢找些名人写序，以此增加书的可信度，这就是利用了人们"崇拜权威"的心理。权威推荐的书，大家就喜欢看，同时也就相信书里面的观点。相同内容的书，如果没有名人推荐，可能会在书店的角落待一辈子，但若能找到一位具备轰动效应的名人，写一个序或者对媒体说几句话，可能立马就会购者如云，疯狂畅销了。

南方有一家代工企业，经济不景气的时候，差点关闭，只能靠缩减人员苦苦支撑。这时，企业里的一名小主管向老板建议说，现在沿海地区的各项成本都在增高，对公司的经营十分不利，不如趁机搬迁到内地，那边的政策较好，也正欢迎我们这样的企业内迁呢。

老板轻蔑地瞥他一眼，冷笑道："你懂什么！"

两个月后，老板去参加一个经济论坛，在会上听一位著名的经济学者向在座的各位企业家提出了搬迁内地寻求突破的建议，他马上觉得这是一个好主意，仔细想来很有道理，于是回到公司，着手准备。其实这不过是当初下属的翻版，从学者的嘴里说出来，在他看来就成了金玉良言。

职务越高，人就越盲从

所谓"人贵言重"，一个人的官越大，他的话就越"重要"，越"正确"。权威效应告诉我们，迷信则轻信，而盲目必盲从。权威人物讲的话，在人们盲目地相信和遵从下，很容易就被树立为真理。

所以在机关就有了"拉大旗，做虎皮"的事情，用更高一级领导的指示来压人，以达到自己的目的。

某地市领导在一次会议上提到要"为企业融资提供帮助"。只是普通的九个字，该市立马就出现了一股向企业放贷的热潮，市县银行的头头们闻风而动，大批放贷，甚至以前按规定不该审批的贷款请求，也都审批过关了，争着讨好领导，却"忽视"了这是否符合国家规定，结果使该市金融系统出现了大量的呆账坏账，很多款项收不上来。

这就是盲从指示的后果，领导一句话，下面的人往往优先考虑的是"自己要尽快执行"，而不是"权威是否正确"这样的盲从，自然也不会得到领导的认可，相反领导还会因此受牵连而大发脾气。

值得注意的是，只要社会有权威存在，机关有权力存在，就会有权威效应发生。这也难怪为什么每个人都想成为权威，因为它的好处实在是太诱人了。随口一句话，就能被人当做"圣旨"，谁不想让自己变得"人贵言重"呢？这也是机关中为了争个位子打得不可开交的原因之一吧！

◆ 借人之威，成己之实

机关生存要"借人之威，成己之实"。

单打独斗，会受人排挤。背后有"山"会让一个人的前程畅通不少。

在有自己靠山的时候，还要成为别人的靠山，只有这样，在用人时，才不会"无人可用"，事事受人牵制。

《战国策》讲到这样一件事：

荆宣王（楚国国君楚宣王）听说北方诸侯都害怕楚令尹昭奚恤，问大臣为什么会这样。群臣都不知道如何回答。

大臣江乙站出来给荆宣王讲了个故事。一只饥饿的老虎捉到了一只狐狸，正要吃狐狸的时候，狐狸说："你不敢吃我，因为天帝派我做百兽之王，如果你吃了我，就违背了天帝的命令。"老虎有些疑惑，而狐狸趁势建议老虎跟在自己身后，巡查百兽。果然，百兽见到跟在狐狸后面的老虎，都纷纷跑掉了。

江乙对荆宣王说，北方诸侯害怕的不是楚令尹昭奚恤，而是害怕大王。大王拥有方圆五千里的国土，士兵百万，而这些恰恰在昭奚恤的控制之下，所以北方诸侯才会害怕他。其实他们真正害怕的正是大王。

现在狐假虎威的故事，已经家喻户晓了，不过权术之争却并没有因为时间久远而改变。为了保证能够让自己顺利攀升，借助老虎的声势也成为很多人升职的手段。历经清末官宦生涯的曾国藩总结说，"借人之威，成己之实"。

在权力场中，没有背景的人，往往会被孤立。单打独斗，会受人排挤。背后有"山"会让一个人的前程畅通不少。所以很多人都在不断地寻找自己的背景，只有有了靠山，自己的位置才能坐稳。

当然，这也包括历代的第一官——皇帝。不管皇帝的位置多么稳固，为了保险起见，更多的皇帝在选择终身伴侣时，都是朝中的重臣之女，而在选择重臣之女的时候，还要平衡各个大臣之间的权力关系。可以说，皇后之选远远不是结婚这么简单，而是整个朝廷权势的重新划分和平衡。

康熙在选择皇后的时候，孝庄先剔除了鳌拜的女儿（因为鳌拜权势过大），又剔除了遏必隆的女儿（因为遏必隆是个两面派），最后选定了索尼的孙女——孝诚仁皇后，这样就得到了顾命大臣之首——索尼的力量。后来，索尼一家果然为稳定康熙政权立下了不小的功劳，而孝诚仁皇后也得到了康熙的宠爱。

和索尼的孙女结婚，不仅让年幼的康熙得到了索尼家族的力量，而且索尼家族也因为成为"皇亲国戚"而更加努力地为康熙卖命。因为康熙倒了，索尼一家也就会陷入被诛族的危险。可以说，在有自己的靠山的时候，还要成为别人的靠山，只有这样，在用人时，才不会"无人可用"，事事受人牵制。

当然，相对皇帝找靠山来说，普通的机关人员找靠山要更难一些，而当自己成为别人靠山的时候也更是需要把握和衡量。

找靠山，需要冷灶烧香

找靠山的聪明方法是冷灶烧香。在别人还没有显赫的时候就亲密结交，这样当人显赫起来的时候，你去依靠，就不会给人以"谄媚"之感。而有些事情即使自己不去说，别人也会鼎力相助。当然，这还是很需要自己有观察人的能力。否则，一个忘恩负义的人，即使他显赫起来，不管你原来怎么烧香，还是不管用的。

成为别人的靠山，需要善于察人

不是每个人都值得让你结交，因为成为别人的靠山，你就可能成为狐狸背后的老虎，狐狸非但不会感谢你的"靠山"作用，反而可能会"扮猪吃老虎"，把你打倒。另外，一个不中用的"下属"可能会为你抹黑，让你陷入是非之中，甚至你还可能因为他而中断仕途。明朝朱元璋在位期间，宰相李善长五十多岁时就看透机关，告老还乡，但是由于自己提拔上来的胡惟庸擅权专用，所以被朱元璋灭门，虽然当时李善长没有被朱元璋所灭，但是二十多年后，李善长还是以"胡党"的罪名而被杀掉。

所以,成为别人的靠山,察人是第一位。

◆ 避免听坏话,更不要传坏话

曾国藩说:"凡人言及非人非理事,我虽不与谋,若从旁附和一句,便自有罪。故处此有三道,以至诚感悟之,上也。去其太甚,次也。漠然不置是非于其间,又其次也。"

坏话,无论怎么听怎么说都是坏话,并且可能因为听到或者传话,给自己带来是非。

我们经常遇到爱说别人坏话的人。一个人当面可以振振有词地对你说:"我从来不在背后说人……"转身,他就会跟你抱怨上司又整他了,同事又合伙算计他了,朋友又对不起他了。这样的人管不住自己的嘴巴,犯了做人处世的大忌,平时在生活中还看不到太大的危害,但在机关中,如果他还是这副德行,那就麻烦了。

听人讲坏话,帮人传坏话,甚至自己说坏话,这样的人肯定混不了机关。曾国藩对此深有感触,他说如果有人传播流言,背后嚼舌根,我虽然没参与这种谣言的制造,但站在旁边附和了一句,也是有罪过的,一定会麻烦缠身。

处理这种事有三种办法:一是劝说他不要这么做,这是上策;二是纵容他,帮着他传播,这是下策;三是不管不问,装没听见,这是中策。可见,一个人在机关能混到什么境界,爬到什么高度,对待流言的态度是至关重要的。不是合理的是非之言，不要听，不要传，这就是"非礼勿听"定律。

人为什么会说坏话

从心理学的角度看，说别人的坏话是一种攻击行为。任何一种动物为了自我防卫，或者为了同种之间的竞争和争斗，都具有攻击的本能。在这一点上，人类也具有这种本能和欲望。这是机关中某些人对说坏话感兴趣并乐此不疲的主要原因。

因为有人的地方就有争斗，有利益的纠纷，当暴力手段不能、也不可能解决问题时，运用语言对对方进行诋毁就成了首选。所以坏话是打倒对方的一种武器，谣言是中伤对方的一种手段。尤其在机关中、在办公室中，一旦卷入这种是非，被一些说不清道不明的流言包围，往往就意味着这个人的前途走到了尽头。

从法律的角度讲，公开说别人的坏话，只要不触犯法律，别人无法处罚你。从伦理上讲，说人坏话很不道德，让人不齿。但到了机关，说坏话就成为权谋的技巧。尤其对于小人来说，这更是他中伤对手以谋生存的手段。

因此，坏话就成了小人攻击对方的有力武器。发现对方的绯闻，到处散播；挑出对方工作的缺点，用放大镜进行放大，再搞得天下人皆知。不但要讲对方的坏话，还要搞臭他，让他永世不得翻身。

宋代有一个官员，他为官清廉，对朝廷忠心耿耿，不跟坏官同流合污，从而得罪了一大批人。这些人绞尽脑汁地找他业务上的毛病，一条也找不到，就把枪口对准了他的私生活，给皇帝上奏折，说这个人"生活放浪，蓄妓养童，在老百姓心中的口碑极差"。皇帝一听生气了，也没派人调查，就把他降职流放，从山东调到西南的蛮荒之地任官去了。

还有些机关人员为了扳倒对手，经常在背后编造他的各种是非，逢人就讲，制造舆论。有道是"三人成虎"，当流言形成洪涛巨浪时，再清白的人也是百口莫辩啊！

"坏话"也要包装

当你迫不得已地需要讲一个人的坏话时，你得学会聪明地包装自己的真实意图，将坏话说得好听，讲得隐晦。在这里，聪明地讲坏话，我们要达到两个目的：一是成功地中伤"敌人"，二是人们听不出这是"坏话"，有时甚至会认为这是"好话"。

汉武帝有一次问丞相田蚡对窦婴的印象。窦婴是田蚡的死对头，两人一向不和。田蚡当然不会说他的好话，他做梦都想置其于死地，但他也知道汉武帝十分英明，公然讲坏话诋毁窦婴，效果恐怕会适得其反，反招致皇帝对自己的厌恶。

田蚡眨眨眼，说："窦婴从先帝时起，就劳苦功高，门生遍天下，威望很高，臣亲眼看见，到他门上拜访的江湖侠士络绎不绝，都要提前很多时日预约呢！"

短短的几句话，都是对窦婴的夸赞和羡慕，没有一点要攻击他的意思，但吐露的信息，却让皇帝不爽。第一，田蚡把"门生遍天下"

"威望很高"和"江湖侠士"联系起来,无形中就给皇帝提供了一种印象:窦婴不但在朝中有影响力,在民间也有极多的支持者,可谓党羽众多,有控制朝政和聚拢民间力量的强烈可能,这就构成了对皇权的巨大威胁。所以汉武帝一听,眉头立马皱起来了。没多久,窦婴就"被退休",在朝中的权力也被架空,只能钓鱼取乐,打发时光了。田蚡彻底取代了他,成为当时的第一权臣。

把坏话包装成糖块,才是讲坏话的最高境界。而且在机关中最会讲坏话的,往往是那些平时话不多的人。他们在说话这方面不显眼,也不出风头,给人一种说话分量很重的印象:我这人要么不说话,要么就讲大实话。伪装得很好!所以他们一张口,说的话就会引起人的重视。再加上善于语言包装,他们讲出的"坏话"杀伤力极大。试想,一个大家公认的小人说你哪方面做得不对,相信的人一定不多,但如果一个大家公认的君子突然说你某方面有问题,是不是会很有"说服力"?!

说人坏话害人害己

讲坏话的短期收益一般都是很高的,在流言的攻击下,很少有人能扛得住,形象会大受影响。但有句话说得好,清者自清,浊者自浊。黑的不是白的,死的也说不成活的。对于那些没影儿的事,编排得再逼真,也有真相大白的那一天。所以背后讲坏话、造谣的人,从长远的角度来看,一定会反伤到自己。因为人们尽管都喜欢用坏话攻击别人,但没有人喜欢一个常在背后嚼舌头的小人。

害人，也害己，这就是讲坏话的结果。

另外，不管是单位要员，还是职场中人，身在办公室，对于所谓的办公室谣言都要有强大的免疫力。不要听，也不要传。没有哪个上司会欣赏一个用坏话给同僚捅刀子的人，他一定担心早晚有一天你这张嘴会对准他。当然，当领导想把某个人整走的时候，此时若有人揣摩上意，适时地去打那人的小报告，领导会欣然接受你的"坏话"，顺势达到他的目标。但对领导而言，讲坏话的人顶多是他手中的一枚棋子，一把用完就扔的尖刀。当你的价值失去之后，他肯定会毫不犹豫地卸磨杀驴。

忠告：对"坏话"情有独钟的机关人士，小心有一天你会成为别人手中一柄借刀杀人的工具。

孔子说："非礼勿视，非礼勿听，非礼勿言，非礼勿动。"机关中的"非礼勿听"定律，最重要的就是一个"礼"字。不合乎公司规定的话，不要听，不要说；不符合人之常情的话，也不要参与其中。

永远不要说别人的坏话。第一，不要说同事的坏话，因为你们是拴在一根绳上的蚂蚱。你嘲笑别人的同时也是在嘲笑自己。第二，不要说领导的坏话，尤其是不要在同事面前说领导的坏话，你要知道，每一个人都认为告密是对领导表示忠心的最佳办法。第三，不要在一个领导面前说另一个领导的坏话，因为他们之间的利益永远要比与你之间的利益大得多。

不要在朋友面前说别人的坏话，谁知道今天的朋友明天会不会变成仇人；不要在家里说别人的坏话，谁知你今天的丈夫或妻子明天还是不是你的丈夫或者妻子；也不要在父母面前说别人的话坏，谁知他们哪天患了老年痴呆，管不住自己的嘴，然后把你说过的话说出去呢！事实就是这样，无论何时何地，对谁说别人的坏话都是一件非常令人恐怖的事情。

当你将"说坏话"变成自己的一种职业习惯时，你的前途就蒙上了一层阴影。不但在机关中只能徘徊于底部，在生活中你也会失去很多朋友。一个人，只有能够理智地对待别人说坏话，并能从中领悟到做人做事的道理时，他才有可能成功跨过机关晋升的关键门槛，提高自己的境界。

◆ 偶尔对上级交心是必要的，但不要什么都说

和上级打好关系没有什么不好，但是，一定要注意不要把心都交出去。因为很可能就会被出卖。

在机关中，和领导的交流极为重要。有时你还需要跟他交心，说说心里话，聊聊人生，发发感慨，露露底牌，套套近乎。不少人都希望得到这样的机会，因为这意味着跟上司的关系更进了一步。但是，你要先给自己设定一条原则：和上级偶尔的交心是必要的，但不是什么都可以说。

在机关中，一个人要永远跟上司保持一条红线距离，不要让他抓住你的底牌，也别让自己看到了他的底牌。这条交心定律告诉我们的是，如何跟上司保持良好但又恰当的交流，既取得他的信任，又不会让自己置于危险之中。

当然，和上司交心的好处有很多，比如：

1. 能表明自己的立场，并通过直接交流展现自我能力和潜力。

2. 能从上司那里了解一手的信息，明白自我位置，可以进行正确的自我定位。

3. 这时也是提要求的绝佳机会，让领导明白你的需要，但必须讲究方式方法。

4. 适当的交心会让领导觉得你是自己人，还会让他觉得你是忠诚的。

不过，如果什么都跟上司说，也会让他觉得你是个傻瓜，必要时他就会毫不留情地出卖你，拿你当一个可利用、可牺牲的棋子。跟上司的交流也是双向的，不但对上司说什么要适可而止，而且听上司说话，也要选择性地倾听。在机关中，有时听到的秘密比吐露的秘密对自己的伤害更大。

小卢毕业后进入单位不到一年，由于能力出众，领导很是重视。最近，领导开始主动和小卢谈起自己的家庭、朋友等公家成绩，把他当做知心朋友一样。小卢对此有些为难：作为自己的上司，他不好直接回绝倾听，怕得罪领导，但与上级走得太近，又会让同事们误解。

起先，他只是觉得上司很随和，但是时间长了，他发觉自己已不知不觉知道了上司的很多私事，比如，领导的舅舅是该单位的直接上级，单位里还有几个同事是靠这层关系进来的，而且还送过礼。更让小卢感到尴尬的是，是他的同事对他开始有意见了，领导对他这么好，别的人当然有些不服气。所以他发觉自己不由自主地掉进了一个"陷阱"中，而这全是领导跟自己交心惹的祸！

在处理繁杂的办公室人际关系时，保持与领导的合理距离，是最难把握的一件事。上司对你很器重，固然看着很风光，但一旦你无意中透露了他的一些隐私，恐怕马上就会引起办公室的人际斗争。并且在上司的眼中，你的印象顿时会一落千丈。所以作为下属，应该尽量防止单独与上司相处，即便需要跟上司交心，也要有的放矢：不该说的坚决不说，不该听的坚决回避。只有这样，才能避免给自己的未来埋下隐患！现在上司信任你，告诉你很多秘密，有一天他不再信任你了，会怎么办呢？那时危险就来临了，一定没你的好果子吃！

所以说，一个聪明的人会和上级保持不远也不近的距离，偶尔会和上级交心，但并不是真的什么都说。另外，在和领导交流的时候，你应该知道什么时候让自己做聋子，什么时候又该让自己做哑巴！

◆ 装傻的人总是最不易犯错

有人希望你明确选队，你知道不管怎么选都是错的。

此时，不妨装傻，虽然看起来拙劣，但是却不会因此犯错。

当你必须选择站队，但又知道无论怎么选都是错误的决定时，你该怎么办呢？装傻定律告诉我们：那就选择一个最不易犯错的方法，把自己变成"傻瓜"！就像金庸说过的："我年迈耳背以后，该听见的话就能听见，不该听见的话就听不见了。"

有些人，他们坐在办公室里，平时很精明强干，但你只要问他一些要紧的问题，他就顾左右而言他，一副听不懂的表情，让你无可奈何，又气又笑，觉得那人很让人鄙视。其实这是很高明的生存术，是不知摔了多少跟头才修炼出来的境界。

你要明白：真正倒霉的总是那些明确表态的人，他们或支持A，或支持B，态度鲜明，立场坚定。可惜的是，如果结果注定不妙，那么，他们的表态就是在给自己挖坑。所以你不要害怕自己的装傻会带来什么后果，因为在机关中傻子无罪，即便他看出你在装傻，也依旧拿你没办法，相反有些人还会觉得你很识时务。

商朝的最后一个君主纣王整天花天酒地、酒池肉林，只顾享受，连当时是什么日子都忘了，就问身边的人，身边的人都说不知道，于是他又派人去问箕子。箕子叹了口气，对他的从人说："一国之主，让国民们连月日都忘记了，这个国家就很危险了；一国的人都不清楚，却只有我一个人知道，那我也很危险了。"于是他就对使者推辞说自己也喝醉了酒，一点也不知道这是什么日子。

还有一个故事，说齐国的隰斯弥去见田成子，两个人一起登上高台向四面眺望。高台的三面视野都很宽广，只有南面被隰斯弥家的树给遮蔽了。田成子没说啥，隰斯弥回到家里，就急忙叫人把树砍倒，但没砍几下，他又不让砍了。家人奇怪："您为什么改了主意？"隰斯弥回答说："田成子有篡位的野心，如果我表现得像知道了这个秘密，那我的处境一定会很凶险。比如，砍掉这些树，他肯定觉得我窥到了他的企图，一定会杀我的；不砍倒树，未必有罪。但知道了别人的阴谋，那问题就严重了。所以我才决定不把树砍倒。"

类似的例子还有燕王朱棣夺位之前的装疯。建文帝想削藩，派人去试探朱棣的情况，朱棣知道这时自己处于危险之中。作为藩王，他是无法表态的，因为不管他表示同意还是不同意，皇帝都不会相信这是他的真心话。所以他只能选择唯一的办法：装疯卖傻。建文帝的使臣到了北京后，看到朱棣堂堂一个藩王，大热天的穿着棉衣躺在床上，口中流沫，全身都是脏东西，眼看就要疯死了。使臣回南京一说，建文帝就信以为真，不再削藩。结果，这给了朱棣充裕的整军备战的时间，不久，建文帝兵败，丢掉了皇位。

为了迷惑对方，关键时刻，使点"心眼"适时地装傻，既能有效地保护自我，又能从容地观察形势，实在是一种聪明之举。睁只眼闭只眼,你说我糊涂?其实我一点不傻!装傻只是为了保护自己、迷惑敌人、以退为进的一种策略。真正聪明的高手,都是大智若愚的,该精明时精明,不该精明时装傻。

很多时候,我们会发现一种奇怪的现象:那些能力非凡、叱咤风云的人物,往往总是昙花一现,而那些我们并不看好的傻瓜,却可以一步步地走来,在众人惊异的目光中,赢得龟兔赛跑的胜利,将成功抱在怀中。难道这些"傻子"比聪明人更聪明吗?当然不是,是因为他们悟到了装傻的智慧。在机关中,会装傻的人才容易合作,不会装傻的人无法合作。要知道,貌似聪明地作出选择只会死得更快,只有装傻才能够让自己安全地活下来。

第三章　机关藏露术——该藏就藏，该露就露

机关中步步惊心，但是机会也往往因为步步惊心而常常出其不意地来到。对于"一穷二白"的人来说，机会远远要比有雄厚家世的人来得更不容易，当出现问题时，危险也就更强。所以只有作足够的准备，恰如其分地走在别人前面，才不会被小人怀恨，也才能一揽琼枝，走上高位。

◆ 站错队比吃错药都严重

站队的时候总发现，另一排总是动得比较快；但是当你换到另一排，原来站的那一排，却动得比较快了。然后，再去换排，循环往复，结果，后来的人都排到你的前面去了。

可想而知，站得越久，动得越慢，越表示你可能是站错了排。而且如果你开始就站对了，那么，换排的概率就会小很多，排到你面前的人也不多。

站队的时候会发现这样一个现象，另一排总是动得比较快；但是当你换到另一排，原来站的那一排，却动得比较快了。然后，再

去换排，循环往复，结果，后来的人都排到你的前面去了。

可想而知，站得越久，动得越慢，越表示你可能是站错了排。而且如果你开始就站对了，那么，换排的概率就会小很多，排到你前面的人也不多。

在机关站队同样如此，不过因为性质不同，危险系数也就大大提高了。一旦站错队，就可能卷入是非，阻断前程；而站对了，就会升职加薪，得到重用，拥有锦绣前程。

总要有一个队属于你

很多人不喜欢站队，希望两头讨好，但是，事实上，真正的无门无派反而更加危险。而站队和清贪与否并没有关系，海瑞是清官，并且特立独行，但是他仍然被认为站在徐阶身后。

生活中排队是为了秩序，以及尽快地站在队伍的最前面，机关的派系，只有后者——尽快地走到权力的上限。这和官欲大小没有太大的关系，在机关里混就是"逆水行舟，不进则退"，只要你在这个环境中，那么，就要找到最好地保存自己、更上一步的措施，而排队正是应需而出。

北宋时期，政坛上曾出现了三位天才：王安石、司马光、苏轼。不可否认，三人都是正派忠臣，并且最初的关系也不错，但是，当王安石走上相位时，却和司、苏决裂。作为守旧派的两者，很快被贬。后来王安石因新政推行不利倒台，司马光拜相，刚刚官路有所起色的苏轼却一改守旧风格，认为新政不错，结果，再次被贬。

苏轼是天才，也是自傲的，有自己的政治理想，所以他不屑于站队，而是和当权者对着干，结果到了最后，自己却排在了最后。

找到正确的组织

找到正确的组织，领头的走得快，队伍自然就走得快，自然会步步高升。而领头的走得慢，甚至倒了，那么，队伍就慢了，甚至散了，还要及时找到组织去排队。否则，排晚了，就会被当做异党打倒。

隋末，东晋名士谢安、谢玄、谢石的后裔谢映登，人称"神射将军"。他靠着一把银枪精湛的技艺，成为瓦岗五虎将之一。不过，在唐朝初建中，他并没有像罗成一样成为令天下敬佩的英雄，而是归隐山林，出家修道。

原因是最初走上"绿林"时，他和王伯当、单雄信关系密切，而单雄信遭到徐茂公、罗成排挤的时候，谢映登也成为被排挤的对象，虽然有一身武艺，但是却被搁置。从此政治生涯被截断，最后他心灰意冷、归隐山林、潜心修道。

机关中精英很多，能够考上公务员就像中奖一样稀少，走进机关的大坛子，不管是萝卜还是白菜，都会被不同的派别"腌制"。才华也只有找到正确的组织，才能被各方争夺，大放异彩，否则，才华就会被坏的组织腌制成臭菜，无人问津。

坚持到底，原则上从一而终，个性上保持自己

如果选择了排在哪队后面，就要坚持到底，反反复复地换队是机关的大忌。一次换队，你原来的"排队"就要前功尽弃，而三番五次地换队就会让自己的信用和"官品"在人们的心中大打折扣，即使有才华，上层人士也只是忌惮、防卫，甚至棒杀，而不是重用。

三国时期吕布的武艺虽然是人中之龙，但最后却被"爱才"的曹操所杀。很简单，因为他跟过丁原、董卓，又曾经为袁术效力，"背叛成性"，生性多疑的曹操为了以绝后患就下令杀掉了他。相反，那些"忠心为主"、从一而终的人，却是受捧的对象，比如，关羽，他不仅为曹刘所争，还成为以后的武圣。

当然，有争斗就有成败。失败的组织面临瓜分、被困，但是，很多时候，这只是一时的。尤其当成功上位的人是个明智的人，理解被人"逼着、拉着"排队的现象。只要大人物和关键人物倒下去了，安抚和招安就是下一步的事情。

所以，站队是必需的，但是要避免趋炎附势，以免引火烧身。

◆ 在机关中，你是主角还是龙套

你在单位坐什么位置——主角还是龙套？正职还是副职？台上还是台下……这些都应该搞清楚。不能越位，不能缺位。缺位就是失职，越位就是越权。必须保证正位，争取到位。

在机关中，主角有主角的地位，龙套有龙套的地位。即使相同的话，主角能说，龙套也不能说。很简单，因为地位不同。古代，不同职位的机关人员穿什么衣服、戴什么帽子、坐什么轿子，甚至家门口的石狮子身上的毛都不能一样。一样了，就越权了，就是以下犯上。如果你以下犯上的对象是皇帝，你就等于是死了。

虽然现代机关并不像古代机关那样要求异常严格，从形式上看起来也"平等"了，但是，中国的机关文化却没有取消。说什么怎么说，做什么怎么做，都异常重要。权力分大中小，官分三六九，不管做什么先要认清自己的位置，只有位置正确，才能说对话，做对事。

对于所谓的"越位"，我们不妨看一下历史典故来加以理解。

有一年夏天的时候，下了很多场暴雨，子路担心会引发洪水。这个时候，如果不及时疏导已经积聚起来的河水，就会导致洪灾。于是，子路一马当先，带领当地的老百姓和军队，一起疏浚河道、修理沟渠。就在紧张的抢险进行之中，子路发现了老百姓的辛苦。

当时是大夏天，老百姓顶着烈日，泡在污浊的河水里，从事繁重的体力劳动，自然非常辛苦。心地善良的子路，实在看不下去了。于是，他拿出了自己的俸禄，给老百姓买来了许多食物。

这件事情，很快就传到了孔子那里。孔子听后十分着急，连忙派了另外一个弟子子贡去制止子路。子贡赶到后，向子路说明了老师的劝告。子路听完，十分生气。他那犟脾气又上来了，一股劲就冲到了孔子那里，怒气冲冲地对老师说："我是因为下了大雨，担心会出现水灾，所以才带领百姓修筑这些水利工程的。我看他们一个个十分劳苦，有的甚至饿得都没有力气了，于是我才给他们弄了一点粥喝。谁知，老师您却让子贡来制止我，那岂不是要让我不去做仁义的事情吗？可是，老师您经常教导我们，为人要做到仁爱，您今天这样来阻止我，岂不是不让我实行仁义。我今后再也不听您的话了！"

发完这通气，子路转身就要走。孔子赶忙叫住他说："我知道你是在实行仁义，可你要真是可怜这些老百姓，不忍心他们忍饥挨饿，那你为何不去向国君报告，让国君用国家的库粮来帮助他们呢？你知道吗，你现在用自己的粮食来帮助老百姓，实际上是在向百姓们传达这样一个信息，那就是他们的国君，还不如你对他们好呢。也就是说，老百姓会因此认为你是一个大好人，而他们的国君却不管人民的死活。你仔细想想，假如你的国君知道老百姓这样看待他，他会怎样对你呢？所以你还是赶紧停下来吧。不然的话，你一定会被国君治罪的！"

听完老师的话，子路恍然大悟：原来老师阻止自己，是在劝告自己做事不要越位！于是，子路就停止了向老百姓提供食物，也因此避过了灾祸。

一个人没有一定的职位，而去做了那个职位上相应的事情，那他就犯了一个很大的错误。这个错误就是我们经常所说的"越位"。在机关中，该你操心的你必须操心，这是职责问题。如果不操心就是失职。而不归你的事，不要做，甚至想都不要想，越级越位是机关的大忌。一次越级，如果得不到重用，那么就会被直属上司穿小鞋。因为越级会让上司失去安全感。即使没有打小报告，没有说他坏话，上司也会这么想，否则，你为什么不直接向他汇报呢？另外，越级上报还

第三章
机关藏露术
——该藏就藏，该露就露

会让他认为下属不尊敬他，不服管教，对于不听话的下属，上司往往都是以打击为主。

某研究生，刚到机关上班就写了"万言书"，建议如何改善所在部门的运行状况，提高效率。"万言书"辗转到了单位"一把手"的手里。一把手看罢"万言书"，很是气愤："一个刚来的大学生，上班还没有一个星期，就对单位指手画脚。有什么资本？！一个新人到岗最先做的是本职工作，了解单位，而不是弄个万言书，哗众取宠，希望得到注意和重视！"

什么时候，都不要忘记自己的本分。你在单位坐什么位置——主角还是龙套？正职还是副职？台上还是台下……这些都应该搞清楚。不能越位，不能缺位。缺位就是失职，越位就是越权。

◆ 机关中的马桶效应

一些领导在位时，口碑不错。一旦离任，问题就源源不断地暴露出来。
其实，在位时也有问题，只是被捂着掖着。

马桶效应的原本意思是不管多臭，马桶上面只要有屁股压着，臭味就不会出来，一旦屁股离开，臭味马上就出来了。

在机关中，一些领导在位的时候，口碑不错，并且好评不断，奖章满胸。但是，刚刚离任不久，问题就源源不断地暴露出来。其实，领导在位时也有问题，只是被捂着掖着。这样做领导就和坐马桶一样，方便、隐蔽、爽快。只要权力在手，一切问题都不是问题。

即使有"清差大臣"过来督查，查出来的往往是领导如何清廉为民，政绩如何显著。因为"马桶下面"早就被捂着掖着了。聪明的还会使用清新剂、抽风机，臭味不仅跑光光，还有不错的味道。

当然，这些都只是暂时的掩盖，真正的问题并不像马桶的臭味一样真的解决掉，而是一直存在。只要新人想做出业绩，老领导的臭味很快就会被揭开。清官成为贪官，廉洁变成腐败。尤其当原位领导得罪某些大人物，政治倒台，臭味出来得更快、更猛，见之于报纸、新闻，其中不乏惊世骇俗的事件。

原因很简单，靠权力磁场吸引的各类人马，只要权力磁场不在了，自然大家就树倒猢狲散。为了避免自己卷入××门，更多的人愿意用揭发来保全自己的利益。盖子掀开，各类恶心的问题马上就浮出来了。

所以坏事情无论怎么捂着、掖着，都是坏事情。权力场从来没有一个贪官可以长期不倒，倒了问题就会出来。即使已经退休、死了，也会被挖出来。所以机关中从来不允许侥幸心理存在，贪图一时的快感而压着的问题，只要权力不在，问题就会出现。

值得注意的是，当人民看到一个马桶掀开，会拍手称快，但是，当持续不断的盖子被掀开时，人民就会心寒。

在机关中，为了避免权力磁场消失、马桶揭开，还是把屁股底下的问题处理好为妙。要想减少臭味，最佳的办法就是清淡从事。而肥肠满腹，自然屁股底下味道就重，被打屁股的概率也就大了。

第三章 机关藏露术——该藏就藏，该露就露

◆ 控制自己的贪欲

殷纣王即位不久，就命人雕琢了一双象牙筷子。

贤臣箕子说道："象牙筷子肯定不能配瓦器，要配犀角之碗、白玉之杯。玉杯肯定不能盛野菜粗粮，只能与山珍海味相配。吃了山珍海味就不肯再穿粗葛短衣，住茅草陋屋，而要衣锦绣，乘华车，住高楼。国内满足不了，就要到境外去搜求奇珍异宝。我不禁为他担心。"

后来，纣王果然照此发展下去，生活奢靡，荒废政治，最终亡国。

一次，和几个朋友聚在一起闲聊。有人说：听说某某县委书记刚刚调走不久，因为涉及房地产开发，被双规。其中的一位女士惊讶地说："你看看，你看看，这当官也挺危险的。"如果不当县委书记，人家房产开发商凭什么巴结他，给他送钱？就是冲着他手中的权力；这权力还真是一把"双刃剑"："能刺到别人，也能伤害自己。"如果把握不住，随时都可能被权力"刺伤"。

最近，《人民论坛》杂志作了一个调查，44%的受访者都认同"做官是一种高风险职业"。在和平年代，不需要枪林弹雨，做官竟然会成为高风险的职业！高危岗位的病根儿在哪里？这似乎来源于人内心的贪欲。一个人随着手中权力的不断加大，他的欲望就会不断地膨胀，就算是工作在"清水衙门"，同样也会出现不清洁之人、不清洁之官。在外人看似没有什么油水的"清水衙门"，很多时候揪出来的贪官，其贪污的数额会令人吃惊不已。

其实，做官的风险不是做官本身，而是人的贪欲。机关可以将个人贪欲极度释放，而一个人的贪欲越大，自然风险就越大。当一个人心中生有贪念、又刚好拥有权力，他就会利用自己的权利之便千方百计地满足自己的贪欲。

殷纣王即位不久，就命人雕琢了一双象牙筷子。

贤臣萁子说道："象牙筷子肯定不能配瓦器，要配犀角之碗、白玉之杯。玉杯肯定不能盛野菜粗粮，只能与山珍海味相配。吃了山珍海味就不肯再穿粗葛短衣，住茅草陋屋，而要衣锦绣，乘华车，住高楼。国内满足不了，就要到境外去搜求奇珍异宝。我不禁为他担心。"

后来，纣王果然照此发展下去，生活奢靡，荒废政治，最终亡国。

就这样，一双象牙筷子毁掉了一个殷商王朝，吃惊之余，让人胆寒。值得注意的是，因为贪欲而丢掉乌纱帽和乌纱下面人头的人很多，不止商纣王一个，世世代代都有人重复，当然现代机关也不例外。

机关是利益和权力的无间道。当权力和利益相撞，人的贪心起来，就有了权后交易，自然就有了行贿和受贿。

虽然贪是人的本性，是与生俱来的。但是新官最初就走上贪污道路的并不多，除非是买来的官，拿官当做赚钱工具的人。大多数新官甚至包括中国的第一大贪官和珅，都不是初上任时目的就是贪污，其中可能还有雄心壮志做海瑞第二。

不过，在其位，就有了其位的诱惑。当一点小欲念存在，收了一双象牙筷，后来又收了一尊玉杯，胃口渐渐地变大，觉得这样做官也不错，虽然有些胆战，但是，贪欲的快感已经将胆战掩埋了，就这样，把自己收拾进去了。

所以古人说要防微杜渐，贪欲更是要防微杜渐。

而控制贪欲，别无他法，只有自律。

清朝权臣曾国藩说："人生之善止，可防危境出现，不因功名而贪欲，不因感极而求妄。"为了避免自己陷入贪欲的旋涡，曾国藩还不断地研习道家学说，让自己清心寡欲。为了避免财产过多，他还不时地接济自己的亲戚或者门生。甚至有几次，曾国藩想去探望老父，因为没有足够的银两而作罢。

当然，无论怎样避免贪欲，其根基在于自律。也只有自律，一个人才能在机关行得久，坐得稳。原因如下——

一个人的重心放在"贪欲"上，就会短视。为暂时的利益而喜悲，为别人的"进奉"而自我膨胀，真的以为自己可以一手遮天，甚至忘记了机关大局的"险恶"，忘记自己入仕的大志，当然，一时风光之后就是萧条地转身。

一个人钱财太多，就会"满招损"。机关中从来没有真正的安全，只有暂时的盛和衰。"满招损"，太满就会招人嫉恨。在机关中，万千的人都想削尖了头向权力中心奔走，自然，当一个人出现"污点"，背后就有大批想要把他拉下马、而自己上位的人。机关从来不缺人，今天这个倒下了，明天就有百十个人来争夺这个位置。

总体来说，为了让自己官运亨通，就要避免被对手抓住"污点"，而最佳的办法就是清廉！清廉虽不能一时暴富，但能保全长久的富裕，还能为百姓做实事，何乐而不为呢？

◆ 机关生存潜规则1——补锅法

　　家里的锅漏了，找补锅的来补。补锅匠一边擦去锅底的黑，一边找借口支走主人。趁主人转身不注意的时候，用小锤轻轻地在裂缝处敲几下，那裂缝就更大了。待主人转过身来，补锅匠就说："看看！裂缝有这么大！"主人一看，果然如此。忙请补锅匠补好。于是皆大欢喜。此之谓补锅法。

　　厚黑教主李宗吾在绝世奇书《厚黑学》中说，"狄人代卫，管仲按兵不动，是'补锅法'"。并作了具体的解释：

　　"家里的锅漏了，找补锅的来补。补锅匠一边擦去锅底的黑，一边找借口支走主人。趁主人转身不注意的时候，用小锤轻轻地在裂缝处敲几下，那裂缝就更大了。待主人转过身来，补锅匠就说："看看！裂缝有这么大！"主人一看，果然如此。忙请补锅匠补好。于是皆大欢喜。此之谓补锅法。"

　　补锅，不仅锅匠会用，从中得利，大臣也会用，其中谋求的利益更是不可小觑——

　　齐桓公继位后，管仲辅国。

　　齐桓公剿灭山戎之后，北狄王兔死狐悲，很是气愤，大举进攻中原。北狄王先进攻邢国，大肆抢夺，跑回北狄。后来得知齐桓公没有动静，于是得寸进尺，兴兵伐卫。

当时，卫国国君为卫懿公，卫懿公好养仙鹤，不管百姓。当北狄进犯时，卫懿公被百姓抛弃，手中无可用的士兵，被北狄军砍成肉泥，卫国亡国。当时，齐国没有动静。邻近的宋军过来支援，但到了卫国，北狄王已将卫国抢夺一空，逃之夭夭。

卫国无君主，新立君王很快又因病而亡，卫国大臣跑到齐桓公面前哭诉。齐桓公说："（卫懿公）无道昏君，害国害民，死有余辜。"

后来，北狄又开始侵犯邢国。齐桓公在管仲的建议下，先讨伐北狄援救邢国，然后再帮助卫国筑城。北狄打退后，管仲和齐桓公主持邢卫两国的复国。老百姓迁入新城之后，很高兴，亡国悲痛很快就忘记了，但是他们却记住了齐桓公的好。

北狄的入侵和齐国有千丝万缕的关系，但是受罪的却是小国——卫国和邢国。而原来卫国已经出现"破裂痕迹"——卫懿公昏庸，因为齐国没有阻止北狄的入侵，卫国"破裂"加剧，最终亡国。此时，管仲出来补锅，非但没有遭到百姓的拒绝，反而让百姓拍手称快，真是补得"滴水不漏"。

这就是补锅的权谋。想要把锅补得滴水不漏，就要把握补锅的尺度。否则，力度一大，补锅不成，反而把锅敲碎，就补不起了。

当然，历史上善于"补锅"的不仅仅是管仲，还有三国时期的诸葛亮。在七擒孟获后，又七次放掉了孟获。每次放掉孟获，诸葛亮都敲一下孟获的"心"，直到孟获自己当山头大王的心变得七零八落。最后，诸葛亮再笼络孟获，依旧让他做大王，只不过是蜀国的西南大王。就这样，锅被补好了。

当然，不是每个人都可以这样七擒七纵，这要因人而异。项羽放掉刘邦就是其中的典型，锅没有补好，反而自己被锅砸死了。所以补锅一定要掌握度，要因人而异。

另外，在补锅的时候，还要注意下面几点：

首先，锅不是补锅匠敲坏的，是锅的主人用坏的。

无论任何事，都要有责任人。为了防止危险发生，那么就要把责任"推到"别人身上。如果你是补锅的人，不管锅坏的责任在于哪个人，只要不在自己身上就可以。当然，也不必去管锅是锅的主人用坏的，还是小偷砸坏的。一般来说，在补锅中，锅的主人是责任的承担者，同时也是锅进一步"破坏"的风险承担者。

其次，补锅匠想要获利，就要有补锅的条件和能力。

想要去补锅，就要有锅的主人授权补锅。所以获得授权的机会是最重要的。当然，锅的主人会选择好匠人补锅。所以口碑能力是必需的。当你做一件事情时，同样也是如此。你要确认这件事你能够"补好"，最好滴水不漏。春秋的管子和三国的诸葛亮，就是其中的佼佼者，补锅完毕，会让人拍手称快，同时，自己又获得最大的利益。

最后，补锅最关键的一环是：把锅的裂缝敲大。

只有北狄人入侵卫国，管子才有机会去帮助卫国复国。如果之前就把北狄消灭，自然也不会有后来的复国"补锅"，赢得卫国人民的好感。在适当的时候，在自己能控制的范围内把问题搞大，让人知道问题的严重性，这样就会引起重视，得到授权，最终实现补锅的利益。

值得注意的是，锅已经坏得很严重，如果问题介于可控和不可控的边缘，再去扩大，就会偷鸡不成蚀把米。所以，可控——是敲坏锅必须遵守的要点。

当然，不管什么事情，什么问题，最好不要变得更坏。在机关中，我们并不建议把问题扩大后再去解决，这样很可能失控。因为机关的背后是全体人民，受害的多为普通人。即使不失控，人民的损失还是会扩大的。民众可以一时被蒙骗，但是总有清醒的一天。自然，清醒之时，就是补锅的机关人员落马的时候。

在这里，我们了解补锅法的关键在于避免自己被别人"补锅"所贻害，被骗成为为别人做坏事的责任人。或者本身受害，还在感谢补锅人，比如被诸葛亮放掉的孟获，被人算计了还为人鼓掌。

◆ **机关生存潜规则2——锯箭法**

一个将军的手臂被箭射中，去找外科大夫，结果外科大夫就帮他把在外面的箭锯掉。将军就迷糊了，问："你怎么只锯了一截呢，还有手臂里的半截怎么办？"大夫笑笑说："我是外科大夫，里面的你去找内科大夫。"此法适合如今的某些政府部门，遇事推脱，你推我，我推给他，属于办事妙法之一。

在《厚黑学》中，李宗吾说："召陵之役，不责楚国僭称王号，只责他包茅不贡,这是锯箭法。"锯箭法是和补锅法相媲美的机关生存方法。

李宗吾在《厚黑学》中这样解析——

一个将军的手臂被箭射中,去找外科大夫,结果外科大夫就帮他把在外面的箭锯掉。将军就迷糊了,问:"你怎么只锯了一截呢,还有手臂里的半截怎么办?"大夫笑笑说:"我是外科大夫,里面的你去找内科大夫。"

锯箭法告诉我们:做自己力所能及的事,超出自己的能力范围,就算很想帮忙,也千万不可感情用事。此法适合如今的某些机关单位,遇事推脱,你推我,我推给他,属于办事妙法之一。

厚黑学的鼻祖——管仲,为齐国做出的具有代表性意义的一次国家布局,就是经典的锯箭法的应用。

当齐桓公依管仲意见,"挟天子以令诸侯"之后,位于南方的楚国,竟自号称王。于是,管仲和齐桓公挟天下诸侯讨伐楚国。兴师的理由是,"包茅不入贡于周室"(不上交贡品),并且讨伐的对象不是楚国,而是蔡国。大军行到楚国边际,早有楚国人在此等待,管仲知道泄密。于是,大军在附近的汉水驻扎下来。

本来以为伐楚的楚成王很是奇怪,得知是因为"包茅不贡",最后派使者和管仲商议,最终两国讲和,楚成王上供"包茅",最终也像其他国家一样,听从齐国指挥。

明明是准备兴兵讨伐楚国不服从"周王"纲领,却去以"包茅不贡"的理由讨伐蔡国。这就推脱掉原来的理由,把箭头锯掉了,从外科的"战争"转移到"议和"。最终管仲不费一兵一卒,就让楚国在表面意义上臣服了。箭头在内,既不影响楚国的根本利益,也让齐国最终"号令诸侯",真正成为号令天下的大国,而管仲的名声也更是响彻齐楚大地。

行在机关,说话办事,都不能直接来,所以"锯箭法"在古代机关中十分普遍。比如,文武两派,一主和,一主战,而夹在中间的人就成为争夺的焦点。但是,不管主战还是主和都于自己无利,所以就推脱说:"我很赞成,但是,这件事最终还是要××定夺。"前面的赞成是外科,锯箭,而××定夺,就变成内科,而且往往不得而知。

当然,当今机关矛盾冲突被弱化了,但是同样会面对一些棘手而自己又不想解决的问题,所以很多人都会打官腔说"这件事提得很好,我们再去讨论一二",或者"目前我们还有最要紧的××事,这件事后延"。总之,不论怎样推心置腹,最后的结果只有一个,把问题暂时"锯掉",再出现问题就不是"我的问题"了。同时,这样做,既不会伤面子,还会让人感到合情合理。

身处机关,适当地了解"锯箭法"一二,可以让你明辨谁是真正帮你的,谁又是忽悠你的。以便及早作好准备,防止自己因为"空承诺"而耽误要紧的事情。如果你有不便直接拒绝的问题,可以采用锯箭法,不然,过于直接的拒绝可能会伤了别人的面子,进而把你怀恨在心。

◆ 如何恰如其分地突显自己

年轻的时候，和珅只是一个三等銮仪卫。某日，乾隆帝看奏折，发现要犯逃脱，随口说道，"虎兕出于柙"，随行的人都没有答出来。和珅却说了一句，"典守者不得辞其责"。就这样，和珅引起了乾隆的注意，小小的三等銮仪卫从此开始了飞黄腾达之旅。

《郎潜纪闻》说了这样一件事——

某日，乾隆看奏折，发现要犯逃亡，很是不满，随口道，"虎兕出于柙"（注：出自《论语·季氏》），侍卫都很疑惑，不知乾隆说的是什么意思。和珅接口说道，"皇上的意思是，管此事的人应该负此责"。

乾隆很是吃惊，没有想到一个三等銮仪卫会说出自己的心意。于是对和珅特意关注，问他是否读过《论语》，家世怎样，年纪多大。和珅对答如流，侃侃而谈，乾隆帝更是欣喜不已。于是，小小的三等銮仪卫从此开始了飞黄腾达之旅。

当然，和珅的贪污是让人唾弃的，更不能去效仿。但是，和珅这样谋求官职并没有什么不对。因为他是靠自己的学识和谈吐来征服乾隆的，而不是靠暗箱操作来谋求职位的。

年轻时候的和珅并不是贪官，也没有贪污的"资本"。早在和珅三岁的时候，母亲就去世了。而继母对和珅兄弟十分苛刻暴戾。和珅的父亲又常年戍守在外。所以他早早地就知道读书的重要性。九岁，和珅就以优异的成绩选入北京最好的学校咸安宫求学。十岁，和珅丧父。到二十岁当官期间，少年和珅磨难重重。

值得注意的是，少年和珅十分勤奋，不仅通读"四书""五经"、诗词佳作，还掌握了满、汉、蒙、藏四种语言。这为和珅在以后接待各类"外宾"打下了良好的基础。比如，在木兰围场，所有的大臣都看不懂藏语的公文，但和珅却能很流利地翻译出来。

和珅曾遭遇科考腐败而名落孙山。科考走不通，和珅就承袭了祖上挣来的三等轻车都尉的世职，走进仕途。为了得到重用，和珅很早就"钻研"乾隆的诗画和书法，了解这位清朝第一大上司的心理。这也是为什么他能在最短的时间读懂乾隆的话，进而说出最恰当的答案。

当然，现代机关和古代君臣已经有了很大的区别，行走刀剑的时代似乎已经过去了。机关中人被灭九族的情况也没有了，但是，中国机关的文化和古代差别并不是很大，稍不小心，满腹才华被"埋没"也是常事。

每一个在仕途混的人都希望自己功成名就，但人生的第一步就是要懂得醒目地亮出自己，为自己创造成功的机会。

据说，有一匹千里马，虽然身材瘦小，但可以矫健如飞，日行千里。这匹千里马整日和其他的马混在一起，没有人知道它有着与众不同的奔跑能力。马场的马一匹匹被买主买走，这匹千里马却始终没有被人相中。但这匹千里马并不为之所动，它在心里耻笑那些平庸之辈，认为他们目光短浅。与其被这些人挑中，倒不如永远这样待着。渐渐地，马场的老板也对这匹千里马失去了信心和耐心，喂它的草料也变得又少又差。但千里马仍然信心很足，它相信总有一天，会有伯乐把自己带走的。

终于有一天，伯乐来了，他在马场转悠了半天，最后停留在这匹千里马面前。千里马高兴极了，心想，机会总算来了。伯乐拍了拍马背，要它跑几圈看。千里马见伯乐如此举动，心里很是不快，如果真是伯乐的话，肯定一眼就会相中我，为什么还要我跑给他看呢？这个人肯定不是真正的伯乐！于是千里马拒绝奔跑。伯乐只好失望地摇摇头，然后离开了。

又一段时间过去了，马场里只剩下千里马这一匹马了。老板见它可怜，准备骑着它回老家，然后好好地饲养它，可千里马就是不走。无奈之下，老板只好把千里马杀掉，然后拿到街上去卖马肉。千里马至死也不会明白，世人为什么要如此残酷地对待自己。

现实中也有很多人和这匹千里马一样，总是叹息自己英雄无用武之地。是的，就算你真的是英雄，也要想办法让别人知道你是英雄。如果总是羞于启口，怠于行动，被动地等待别人来发现自己，你很有可能永远无出头之日。要知道这个世界上千里马很多，而伯乐不常有。即使伯乐真的站在了你的面前，你不在他面前跑几圈，他怎么会知道你就是他要寻找的千里马呢？

我们喜欢把谦虚视为一种美德，不愿意主动地突显自己，但如今已经不是"酒香不怕巷子深"的年代了。就算你真的有才能、有创意，如果不显露出来，别人又怎么会知道呢？要知道没有人有时间去做伯乐，到集市上耐心地挑选你。如果你是一匹千里马，就要主动地叫两声，然后出来跑几圈。

机关步步惊心，但是，机会也往往因为步步惊心而常常出其不意地来到。对于"一穷二白"的人来说，机会远远要比有雄厚家世的人来得更不容易，当出现问题时，危险也就更强。所以只有作足够的准备，恰如其分地走在别人面前，才不会被小人怀恨，也才能一揽琼枝，走上高位。

所以在显示自己的时候，要精心布置，谋划全局，不能挡着别人的路，被人嫉恨。另外，给自己留下"机会错过"的台阶，不要过多地抢夺别人的锋芒，毕竟尝试不能代表成功。即使成功，断掉自己后路的成功，往往也更危险。

◆ 不要得罪小人物

乌贼看起来没有杀伤力，也构不成威胁。但是它却可以把水搅浑。在机关中，最可怕的对手，并不是明枪暗箭，而是乌贼型的小人物。

读过历史的人都听过，"庆父不死，鲁难未已"这句千古警训。历史是这样描述这段事情的——

春秋时期，鲁庄公生了重病，和大臣商议，最终决定立公子般为太子，以继鲁国。当时，他的同父异母的弟弟庆父，对鲁国的王位也是虎视眈眈。此人奸诈多疑、暴躁专横，暗地里还和鲁庄公的夫人（相当于王后）哀姜私通。

因为整个冬天没有下雨，公子般便在大夫梁氏的庭院里奏乐祈求降雨。其实他真正目的是和梁女约会。忽然，他发现马夫荦也来了，并且对梁女做粗俗的举动，很是生气，以破坏祈求降雨的仪式为理由，命左右将荦拿下，狠狠地打了三百鞭子。荦苦苦哀求，公子般最后把他放了。

公子般和鲁庄公说了此事，鲁庄公建议杀掉荦，因为马夫荦勇力天下无双，鞭打他，只能让他怀恨在心。但是，公子般却认为荦只有匹夫之勇，没有在意。

被打的荦对公子般很是怨恨，跑到了公子般的政敌庆父那里做起了爪牙。公子般继位后，庆父抓住公子般外出的机会，挑唆荦说："还记得公子般的鞭打之耻吗？现在他是蛟龙离水，你完全可以杀掉他！"

于是，荦在半夜闯进公子般外出居住的寝室，把公子般杀害了。从此，鲁国国政落入了奸人庆父之手，而庆父又接连杀掉了两位新任国君，弄得国无宁日，百姓怨声载道。

仅仅是因为一个小人物——荦，整个鲁国就陷入了水深火热之中。荦是小人物，也正是因为小，荦不能折腾起风浪，所以才不被公子般重视和注意。结果，一个小人物搅乱了整个鲁国的政治，而背后黑手——庆父却浑水摸鱼，把持朝政。

小人物就像乌贼一样，看起来没有杀伤力，也构不成威胁。但是它却可以把水搅浑。在机关中，最可怕的对手，并不是明枪暗箭，而是乌贼型的小人物。乌贼型的小人物看起来于事无害，但是在关键时刻总能把事态搅浑，让人防不胜防。结果，辛辛苦苦努力而得到的权益，就这样被幕后黑手浑水摸鱼地抢走了。

那么，怎么对待机关小人物呢？

远小人是不切实际的

"亲贤人，远小人"，古代的贤人多是清高无尘的，所以总会看到清浊分明的派系。但小人并不是想远离就能远离的，只要有"权利"存在，小人就像苍蝇一样嘤嘤而来。而在现代机关中，不管多么傻的小人也都会伪装，"大奸若忠"，表面上道貌岸然，骨子里龌龊的小人更是有很多。所以远离所有的小人是不切实际的。因此，在交往小人的时候，更是要谨慎小心，避免因为小事而把小人物得罪。

不能诛杀，就利用

古代对待小人物，一般都会像鲁庄公一样，杀掉以绝后患。不过，这种方式是违法的。所以对待小人物，最好的办法是利用。小人懂得利用小人为自己办事，庆父深谙小人的弱点，所以才会在莘"落难"之时伸出援手，以为己用。其实小人物也有作用，他能搅浑水，那么你就可以浑水摸鱼了。

不要姑息小人物，把小人物看做真敌人

对敌人的残忍就是对自己的残忍。小人物虽然称不上敌人，但是他却能让你"死于非命"。所以当你得罪小人物时，最好的办法就是把小人物当做真敌人。只有对敌人，你才会有足够的警戒心理去避免危险。当然，只有对敌人，你才能狠下心，把小人打倒。

不要姑息小人，如果你以"宽大"之心被小人"欺负"，那么他非但不会感激你的宽厚，反而会得寸进尺。因为小人本质上是胆小怕事的，在厉害角色面前低头哈腰，而遇到能被他"欺负"的，他就会得寸进尺，一次、两次，然后无数次地伤害欺辱你。

值得注意的是，小人物欺负人和权力大小没有关系。如果他事后知道你是个大人物，不但不会因为害怕而放弃，反而因为害怕会铤而走险，因为他害怕你报复他，只好"先下手为强"了。

第四章 距离决定命运——如何维持上级、下级及同事的关系

> 距离决定命运！和上司的关系，太近了不行，太远了也不行。太近了，站错队，一旦上司倒下，就会大难临头。而离得太远，就会被上司"忽视"，做不出成绩。

◆ 如何与上级相处

距离决定命运！和上司的关系，太近了不行，太远也不行。太近了，站错队，一旦上司倒下，就会大难临头。而离得太远，就会被上司"忽视"，做不出成绩。

《庄子·内篇·人间世》，提到养虎、养马两件事：

养老虎的人从来不会拿活物去喂老虎，因为他害怕老虎在捕杀中，被活动激起自身的凶残；他也不会去用整物去喂老虎，因为他害怕老虎在撕裂动物时，激起本性。因为熟知老虎的性子，顺性而

为，结果，老虎即使再凶残，还是会向饲养者摇尾。

养马的人十分喜爱马，对他的马更是无微不至地侍候。他用竹编的筐子去接马粪，还用巨大的海蛤去装马尿。一天，他看到吸血的苍蝇趴在马背上，出于爱马之心，就去拍了一下，结果马受惊，挣脱辔头，一脚踢伤了养马人，然后疯了似的跑掉了。爱马的人本意是爱马，却因此痛失所爱，而且还被温驯的马给踢伤了。

养老虎和养马，显然后者危险系数要低得多，但是后者因为不懂得处理自己和马之间的关系，虽然细致入微、关怀备至，却因为拍马背上的吸血苍蝇而被踢伤。而前者则是与老虎不远不近，做到了自己需要做的，保持了一定的距离，结果，老虎都被驯服了。

古人说，伴君如伴虎。因为稍微触怒君主，就可能"提头来见"。当然，在君主那里丢掉脑袋的人也不在少数。虽然如此，把君主当做"没牙"的老虎的人也不少，比如，李鸿章就认为"最简单的事莫过于做官"。这样的人，懂得如何处理上下级关系和距离，不管自己侍候的是像老虎一样凶残的上司，还是像马匹一样温驯的上司，他都可以保全自己，处处得胜。

相对古代机关来说，现代机关要"轻松"许多，因为不会出现"提头来见"的事件。但是和上司的关系却仍旧像古代机关一样，如履薄冰。和上司的关系，太近了不行，太远了也不行。太近了，站错队，一旦上司倒下，就会大难临头。而离得太远，就会被上司"忽视"，做不出成绩。

那么，怎样才能摆正自己的位置，和上司不远不近呢？

自保是前提

在机关中，只有先自保，才能去进谏。所以，如果直言不可取，那么曲线也可救国。比如，养马人看到苍蝇吸血，只要轰开苍蝇就可以了，然后，再去提醒马，自然就会获得认可。

顺应本性做事

上司是老虎，你非要让他吃素，那么，他自然就远离你。古代的奸臣大多喜欢"投君所好"，正因如此，他们才会受宠。虽然谄媚不可取，但总是逆着上司的本性做事，自然更不可取。如果养虎者不断地给老虎吃素，那么，饥不择食的"老虎"可能没有等到真正食物上来之前，就把养虎者撕碎了。

只有顺应本性，保持适当的距离，才会引起上司的注意和好感，从而得到进一步提升。

认识自己的位置

养马的人因为拍了马背，才引起马的受惊，结果自己被踢。关键原因是，马不懂养马者是在为自己拍蚊虫，它以为养马者是要谋害自己。

所以最为妥当的办法是走中间道路，和领导保持适当的距离，这样既不会引人注目，也不会默默无闻；既能够让领导感觉到你的存在，也不会让领导觉得你无所不在。

在机关中，虽然每个上司的性格都是不一样的，但有一点是相同的——多疑。只要触及自己的底线，不管多么仁慈的上级也会把人赶走。所以不要做"拍苍蝇"的事情。因为这种事情，只有至亲才能做。

像越级报告、传上司留言的事情，更是万万不能做的。不要以为别人可以越级报告、可以传留言，你就可以。因为在机关中，每个人的位置都是不同的。

◆ 让机关人心惊肉跳的"兔死狗烹定津"

"兔死狗烹"这个成语典故，源于《史记·越王勾践世家》。"狡兔死，走狗烹；飞鸟尽，良弓藏；敌国破，谋臣亡。天下已定，我固当烹"当属精辟之言。

勾践击败吴国后，两位辅佐大臣范蠡和文种分别被封为上将军和丞相。但是，范蠡坚决弃官归隐吴国，临走时范蠡对文种说："越王为人长颈鸟喙，可与共患难，不可与共乐。子何不去？"

文种不信。不久，勾践对文种说："先生教给寡人七种灭吴的办法，寡人只用了三种就把吴国给灭了，还剩下四种没有用，就请先生带给先王吧！"文种无奈自杀。

"狡兔死，走狗烹；飞鸟尽，良弓藏；敌国破，谋臣亡。自古患难易共，富贵难同。"而类似兔死狗烹这样的事，历史和今天都在不断地重演。功高震主、才华漫天的人往往为君王所最为忌惮。聪明的臣子会像范蠡一样，远离权力，归隐山林，而想要战后分得一杯羹的，往往会遭到诛杀。

为什么会出现兔死狗烹呢？

历朝历代，那些为领导立过大功的功臣都有很强的能力，特别是开国功臣，他们更是功不可灭。成功以后，帝王们往往为了巩固自己的王权，或为继任者扫清障碍和威胁，就会采取卸磨杀驴、兔死狗烹的行为。

机关中的政权斗争往往也如此，能够有难同当，但不能够有福同享。因为有难的时候，大家是一根绳子上的蚂蚱，如果不努力地蹦跶，就会失败；而成功的时候，拴在一起的绳子已经不在了，相反还有了诸多权利的诱惑，于是，内讧就出现了。

当然，职位高的会比职位低的有权力和实力。好的时候，领导可以和属下穿一条裤子、睡一张床，但是，当有了两张床，不管自己睡哪个，都不愿意别人睡上去。因为他们害怕自己睡在床上，另一个把自己杀掉，共占两张床。

于是，在疑心病的作用下，为了"自保"，就有了鸟尽弓藏，兔死狗烹的结局。所以聪明的机关人员从来都害怕自己"功高震主"，成为被诛杀的对象。

避免功高震主，才能安享成功果实

道光二十五年（公元1845年）六月初二，曾国藩被第六次任职为内阁学士，同时兼礼部侍郎的头衔。曾国藩很是惊诧，在十七日写给祖父的信中说："孙由从四品骤升二品,超越四级,迁擢不次,惶悚实。"

在机关中,权力的提升是让人向往的。年轻的时候,曾国藩也是对晋升有着很大的兴奋感,虽然"惶悚实",但并不影响他晋升的速度,"三十七岁至二品者,本朝尚无一人",是的,"十年七迁,连跃十级"的人的确很少。

但是到了晚年,经历机关起落的曾国藩对权力的欲望就大大降低了,反而在机关中如履薄冰,一心求保。

同治元年(1862年)六月,曾国藩升任两江总督,在给弟弟曾国荃的信中,他表达了晋升之后的惶恐之情:

"我侥幸居于高位,又有一点虚名,时时刻刻都有摔下来的忧虑。我观察古今人物,像有我这种名位权势的,能善终的很少。我很担心在全盛的时候,无法使弟弟们有所长进;我摔下来的时候,却要连累弟弟们。只有趁还没有事情时经常以危词苦语互相劝诫,才差不多免于大祸吧。"

正是这种心态,才让曾国藩的机关生涯坐得"四平八稳",让他避免了慈禧用湘军清理太平天国,逃脱了兔死狗烹的灾难。

所以在上位时不要得意,更不要以为自己做了某某事情而沾沾自喜,以为可以得到认可,可以得到更好的犒赏。否则,当你扬扬得意的时候,就是落马之时。因为你已经没有了利用价值,还可能把上级踢下台。

◆ 杀鸡儆猴——不行霹雳手段，怎显菩萨心肠

相传猴子是最怕见血的，驯猴的人首先当面把鸡杀给它看，叫它看看杀鸡流血的场面，才可以逐步地进行教化。捉猴子的人就采用这杀鸡战术，不管它怎样顽强抗拒，只要雄鸡一声惨叫，鲜血一冒，猴子一见，便全身瘫软，任由捉获了。

灭掉商纣之后，周朝百废待兴，急需人才为国家效力。于是，姜太公礼贤下士，希望有志者出世效力周朝。

齐国有一位名叫狂橘的贤人，地方上很多人士极为推荐。于是，姜太公慕名，拜访狂橘。但是，三次拜访都遭到了狂橘的拒绝。不久，姜太公找了个理由，把狂橘杀掉了。

周公听此消息，想救狂橘，但没有来得及，很是惋惜，问及太公："狂橘是位贤臣，不求富贵显达，自己掘井而饮，耕田而食，正所谓隐者无累于世，为什么杀掉他？"

太公说："四海之内，莫非王土，率土之滨，莫非王臣。每个人都应该为国家出力。在立场上，只有两个——拥护和反对。国家初定，不能允许有犹豫或中立的人存在，狂橘虽是贤人，却不为国家效力。如果天下的贤人都是这样，那就没有可用之人了。所以杀了他，就可以让他人以儆效尤！"

狂橘被杀后，那些自命清高的人都不敢隐居下去了，纷纷出世。

"治乱世，用重典；治乱军，用严刑。"当仁慈不能解决问题时，武力就成为唯一的手段，杀鸡儆猴就是其中之一。为了使计划顺利进行，法令可以贯彻执行，在位者往往会采用此种手法，恐吓其他

人，虽然"损失"了一个人，却可以让一群人为自己效力。

当然，使用"杀鸡儆猴"的人不仅仅是姜太公，历朝历代使用此法者都不乏其人。从秦朝的焚书坑儒，到明太祖朱元璋先后颁布的《大明律》《大诰》《武臣大诰》等律令，提出了很多严酷刑罚，如族诛、断手、刖足、阉割以治官吏，都是杀鸡儆猴的驭众手段。

在中国五千年的历史中，最为经典而被人传颂的杀鸡儆猴，莫过于三国时期的诸葛亮挥泪斩马谡。

当马谡失街亭后，诸葛亮很是痛苦，甚至惋惜地掉下了眼泪，但还是把不听指挥的马谡斩掉了。不仅让死去的马谡深深感念丞相的仁慈（军令状是杀马谡全家，结果只杀掉马谡一人），还让三军感念丞相的治军严明、赏罚分明（诸葛亮自降三级），最后从容退师。

这就是权力的杠杆作用，用一个人撬动一群人的手段。相比一群人（猴子）来说，一个人（鸡）就显得无足轻重了。具体在使用杀鸡儆猴的手段，要有以下条件——

第一，鸡的价值要远远小于猴子。

如果鸡和猴子的位置对调就不是杀鸡儆猴了。这样既损失了有用之人，还可能引起公愤。这就是为什么诸葛亮可以杀掉违反军令状的马谡，却不能杀掉违反军令状的关羽。因为两个人对于蜀汉的意义是不同的，除去关羽一身武艺之外，还有特殊的身份——刘备的兄弟。

在机关中，想要拿一个人出来"恫吓"众人，这个人不能靠山太大，太大就会引火烧身。最佳的人选是有才能，但是没有太强背景的，这样，既能恫吓众人，也不会让上面有所微词。

第二，支撑要足够。

杀鸡儆猴本身就是一种权力的杠杆作用，如果没有中间足够的支撑，那么可能杀鸡不成，自己反而被杀。姜太公之所以能够杀掉狂橘，根基在于周朝初定，已经没有商纣从中作梗。如果在灭商之前杀掉狂橘，那么不仅不能吓住猴子（其他贤人），还会让猴子跑到另一边，推翻自己的政权。

在机关中，选对杀鸡的时机很重要。时机不对，自己的地位不稳，那么杀鸡不成，反被猴子所灭。所以诸葛亮被刘备三顾茅庐请进来的时候，关羽和张飞都很傲慢，极不配合，甚至故意刁难和挖苦。但诸葛亮不杀关羽，不仅仅是关羽位置高，还因为自己的地位比较低，尚不足以服众。此时，诸葛亮刚刚过了刘备的考核期。

第三，足以震慑猴子。

如果杀鸡时，猴子没有看到，那么就没有了杀鸡的意义。所以杀鸡儆猴要让猴子看到。比如，姜太公三次去请狂橘，就把天下贤人的眼睛吸引到狂橘身上，旁观狂橘最后的结果如何。而杀掉狂橘就足以引起重视。如果偷偷地把狂橘杀掉，自然不会"引人侧目"，还会让众人以为杀鸡只是杀鸡，也许主人想吃鸡肉呢，自然起不到恐吓猴子的作用。

引导舆论的观点很重要，只有大家都在关注，才能起到"恐吓"的效果。往往新领导上任后，都会颁布条例法令，引导众人的目光。当某个人出现问题时，就"被"落入"众矢之的"。

第四，选对鸡。

当然，不是所有的"鸡"都可以随便杀，这只"鸡"至少要犯一点儿错误。从历史来看，大多数的"鸡"都是飞到枝头"想当"出头鸟的，不懂得明哲保身。比如，在天下初定的时候，狂橘仍是自命清高，让姜太公请了三次，依旧顽固不化。自然就引起了太公的反感——一个小小的狂橘都这样，以后法令怎么可能执行下去？！于是姜太公就起了杀意。

机关权势变化很快，走在新一代风口浪尖的人，总是被杀死在沙滩上。所以，如果不是真的追求名利，就得把自己隐藏起来。因为不管是好名声还是坏名声，都可能因"名"而死。

当杀鸡儆猴结束后，起到了预期的效果，政策法令得以执行，前面的黑脸就变成了后面的红脸，宽宏大量等举措也就应运而生了。"不以霹雳手段，怎显菩萨心肠"，这样，前期震慑了猴子，后期也笼络了猴子。当然，地位就更为稳固了。

◆ **成王败寇，周围人纷纷变脸**

在中国人的眼里，成功者很少会受指责。一旦成功，各种言行就被"合理化"，并且拥有了立法权。而相反，失败一方，言行也就是"不合理化"，自然也就失去了发言权。往往成功就意味着当权，拥有公共宣传、历史编撰的自由，而失败则意味着贬损，失去申辩的机会。

有个笑话说，一考生遇到考题——《论项羽拿破仑》，考生成竹在胸，提笔写道："项羽乃一勇士尔，力能举千斤之鼎，况区区破轮乎？……"在考生看来，项羽只是一个勇士，却不懂权谋，尤其没有驾驭他人的心机。

历史上的项羽具体如何，是不能定论的。但是在同样面对秦始皇的出巡车驾，刘邦和项羽的态度却是不同的，刘邦叹道："嗟乎，大丈夫当如此也！"而项羽说："彼可取而代也！"当刘邦还在羡慕秦始皇的时候，项羽已经拍马而去，建功立业，成为西楚霸王。时过境迁，昔日的楚霸王竟成为汉高祖的败将。真正撰写历史的是成功者刘邦，即使项羽曾经也是英雄。

再比如玄武门事件，就因为李世民成功地夺取了皇位，才成就了他的千古英明，而本应继位为帝却横遭惨死的李建成，却在大众的心中留下了阴险歹毒的恶名。其实，历史上的李建成还是非常有能力的，奈何一山不能容二虎，李世民的成功注定了他的一世英名，而失败的李建成不但淡出了历史舞台，更是背上了历史因素强加于他的骂名。

柳亚子在《题〈太平天国〉战史》诗中说："成王败寇漫相呼，直笔何人纵董狐。"成者，为王；败者，为寇。王和寇，在战争中没有什么区别，有区别的是在战争后。

在中国人的眼里，成功者很少会受指责，一旦成功，各种言行就被"合理化"，并且拥有了立法权。而相反，失败一方，言行也就是"不合理化"，自然也就失去了发言权。往往成功就意味着当权，拥有公共宣传、历史编撰的自由，而失败则意味着贬损，失去申辩的机会。

所以从某种程度上说，中国的二十四史不过是得胜皇家的历史，是为王为寇的权谋史。

中国的机关从几千年前就有了"成王败寇"的底蕴，中国文化也是倾向如此。所谓"富在深山有远亲"，而穷在身边也可以成为路人甲。机关更是得失之间，各路人马纷纷变脸。得势的时候，八竿子打不着的人也会满脸堆笑；而失势时，则人走茶凉，门可罗雀。

◆ 机关内斗时，我们应该怎么办

1964年3月13日夜，一位叫朱诺比白的年轻女子回家遇刺身亡。在路上，她就遭遇了凶手。当她喊"救命！救命！"时，人们开了电灯、打开窗户，凶手被吓跑了。当她回家后，凶手竟又出现，并将其杀害。在这个过程中，她的邻居至少有30人都看到了。但是，却无一人救她，甚至没有一个人打电话报警！

当"见义勇为"的责任分担到30多个人身上，责任就成了1/30。责任只剩些许，自然也就没有了责任，由此，集体冷漠就出现了。相对社会单纯的"责任分散"，机关还要掺进更多权谋的成分。两个人相互争斗，冷眼旁观不仅是责任的分散效应，还是机关生存

第四章
距离决定命运
——如何维持
上级、下级及
同事的关系

的必然。否则，一不小心引火烧身，非但不能帮助其中之一，自己还会被拉下马。

机关是心机和权谋的战场。遇到争斗的双方，真正的作壁上观只是一部分人的做法，稍有心机的人就会隔岸观火。当双方发生矛盾时，冷眼旁观，双方受损之后趁火打劫，坐收渔翁之利。

官渡之战后，袁绍兵败身亡。为了彻底地灭掉袁绍的势力，曹操继续追击袁绍的儿子袁尚、袁熙兄弟。两兄弟被迫投奔乌桓，很快，乌桓被曹操攻破。两个人投奔辽东，此时辽东太守为公孙康。众将请命，希望一举攻破辽东，诛杀二袁。曹操却停止进攻，班师回许昌。

不久，公孙康派人将二袁的首级送到了曹操大营。

原来，袁绍一直都有夺取辽东的野心。袁绍兵败，袁尚、袁熙无处存身，不得已投奔辽东。公孙康思虑再三：其一，收留二袁，必有后患，并且还会得罪曹操。其二，不收留二袁，如果曹操进攻辽东，那么，自己又没有力量抗曹，最后决定收留二袁共抵曹操大军。

但是，很快传来曹操率师回许昌的消息，公孙康认为曹操没有进军辽东的野心，于是，召见二袁，擒获后割下首级。

曹操隔岸观火，不费一兵一卒，诛杀了二袁。当然，曹操也没有进一步进攻辽东。公孙康死后，其弟公孙恭袭爵。在这场博弈中，两个人的利益都得到了最大化。

机关权谋中，每个人都在众多的关系中博弈。当某个人受困、落马，相对隔岸观火的人"见死不救"还算是"纯善"的。因为更多的人会选择落井下石。从二袁、曹操和公孙康的博弈中，除了走投无路的二袁外，曹操和公孙康他们分别选择的是隔岸观火和落井下石，他们互为利好。而真正的落魄者——二袁则是最大的输家，跑到了对方的袋子里。

当然，不是所有的隔岸观火都是有效的。机关权谋，一环套一环，螳螂捕蝉，黄雀在后。隔岸观火没有跑远，而引火烧身的人也大有人在。所以想要隔岸观火，还要具备下面三个条件：

第一，利益。

《孙子兵法》中，孙子说，"非利不动"。隔岸观火不是看热闹，而是以取胜为基础，以利益为目的。没有利益就不是真正意义的隔岸观火。

第二，时机。

只有时刻注意"火"的动态，才能选择适当的时机出击。否则，就会引火烧身。曹操之所以班师回许昌，就是为诛杀二袁创造时机。否则，当曹操进军辽东时，公孙康自然会和二袁联手共同抗曹，曹操非但杀不了二袁，反而还会招来战火。

第三，自相残杀后，再从中牟利。

赤壁大战之后曹操兵败，刘备和孙权都有意一统荆州。孔明和周瑜约定，周瑜攻打荆州的南郡，而荆州即为东吴所有。曹操北上后，留曹仁在南郡，周瑜在攻城中费尽心机，而且自己还被毒箭所中。结果，城池攻破，赵云却在南郡城楼上大呼："多谢都督！"

孔明借周瑜和曹仁厮杀之机，命赵云夺城，而不是在最初和周瑜就争夺南郡，从而消除了周瑜诛杀刘备的意念。

机关是讲究权谋的，当然不是所有的人都喜欢争权夺势。但是，机关争斗没有一个人可以置身世外，所以在"帮助"别人落难时，也要懂得最大化地保护自己。

◆ 一个不称职的机关人员有三条路可走

一个不称职的机关人员，大概有这三条出路。

第一，申请离职，让贤；

第二，找贤人协助自己；

第三，找两个水平比自己更低的人当助手。

赵匡胤陈桥兵变黄袍加身后，做了宋朝的开国皇帝。虽然皇权在握，但是赵匡胤并没有感到安全。半路夺权的他总是害怕自己的大将也来个陈桥兵变。于是，在赵普的建议下，他杯酒释兵权，把将领的兵权全部收归中央。

因为对武官的忌惮，宋朝开始兵权改革，任命文臣担当军队的主帅。另外，每几年进行机关人员的调配，兵将剥离，打破了原有的兵不离将、将不离兵的军队体制。结果，宋朝虽然兵士众多，却因为兵将分离，使得战斗力削弱。

为了巩固中央政治，大批机关人员坐在同一个位置上，互相掣肘，结果，机关人员虽多，却毫无作为，而部队兵士不断增多，费用也不断增加。当金和蒙古大军南下时，朝中虽然人数众多，却毫无可用之师，亦没有可用之将。自然，灭亡不久而至，随着北宋的灭亡，从皇帝到臣子，全部落马。

这就是中国历史上出现的"帕金森定律"，虽然是为了巩固皇权，然而却让皇权走上了"黄泉"。"帕金森定律"是英国学者C.N.帕金森提出的，关于此，他在著作《帕金森定律》中提到这样一个机关现象——

一个不称职的机关人员，大概有这三条出路。

第一，申请离职，让贤；

第二，找贤人协助自己；

第三，找两个水平比自己更低的人当助手。

当然，在机关里混的人真正像鲍叔牙那样的是少见的，可以把超越自己才华的管仲引荐给上司。更多的人则是像庞涓和李斯，都是在享受权力的"美妙"之后，面对贤人就拥有了权力的危机感，所以就会不择手段地陷害污蔑其他贤人，生怕自己的地位被动摇。因此在机关中，第一条和第二条出路多是行不通的。

相对来说，第三条就显得可行。第一，水平比自己低的人，不会影响自己的地位；第二，平庸也能满足自己"智慧超群"的欲望。自然，上行下效，无能的助手就会找更无能的助手来帮助自己。

相对贤人来说，平庸的人机关权力危机感要更为严重，所以才会更严酷地把权力攥在自己手中。正是因为赵匡胤没有办法阻止别人"黄袍加身"，所以才会最大限度地集权，结果造成了整个皇朝体系的臃肿。

总体来说，一个平庸的人虽然会选择两个甚至更多的人当助手，但是并不会委以重任，而是选择提供消息的耳目，最终的决定权仍是自己，即使鸡毛蒜皮的小事也去过问。当然，这也是助手能力平庸造成的。

这样下来，本来一个位置一个人就能完成的任务，就要浪费N个人来执行。自然，执行效果也是差强人意。当一个位置拥有三个甚至四个人来坐的时候，就出现了互相扯皮、人浮于事的现象。整个体系下来，虽然人数不断增加，但是效率却极其低下。平庸的人霸占着组织，有才能的贤人则因为排挤、诬陷而被放逐远走。

当然，这样的体系不会完成什么任务，遇到问题，众人多是推诿、相互指责。等到真正彻查之时，随着顶端平庸的大人物倒塌，整个体系也就轰然倒塌了。

机关鱼龙混杂，平庸的上级也在其中。所以千万睁开双眼，看清谁才是让你可以发展的上级，不要站在平庸人之后。否则，即使你有才华，也要藏着掖着，并且没有任何业绩可言。当上司倒下去，你也只能因为"平庸"而彻底平庸下去。

◆ 干得越多，错得越多

做得越多的人，犯错的概率就越高，最后，吃力不讨好。

而少干或者不干，却因为不犯错误或者少犯错误，而得到领导的青睐。

陈寿的《三国志·江表传》中描述蒋干——"有仪容，以才辩见称，独步江、淮之间，莫与为对"。但是，在《三国演义》中，蒋干却成为"成事不足，败事有余"的跳梁小丑。

当曹操得知孙刘准备联盟时，派蒋干过江东说服周瑜投降。当时，周瑜正担心蔡瑁和张允帮助曹操训练水军。于是，将计就计，与蒋干和众将士喝酒唱歌，然后佯装大醉，大声唱歌，"丈夫处世兮立功名，立功名兮慰平生。慰平生兮吾将醉，吾将醉兮发狂吟"。而后，两人同宿大帐。

半夜，有军士送密信，说"蔡瑁张允来信了"。于是就有了蒋干盗信，呈递曹操，曹操看信后一怒之下，杀掉了蔡瑁、张允，但是，曹操怒气消除后就意识到是周瑜的离间计在作祟。曹操后悔不已，但是又不能说出因武断误杀两人，于是忍耐之下，对等着邀功的蒋干大为恼火。蒋干莫名其妙。

而后，蒋干再次回到东吴，"偶遇"凤雏庞统，将庞统引见给曹操，曹操正为训练水军而焦头烂额，于是就有了铁锁千船，为火攻战船作了铺垫。

当然，历史上真正的蒋干到底是什么样的人，并不值得关注。

在此，值得关注的是像蒋干一样的人，虽然做了不少事情，却做得越多，错得越多。因为错误，自然得到上司的"愤恨"，恨不得杀之而后快！

其实，不管做什么事，一个人犯错可以分为三种：

第一，因为经验不足犯错；

第二，因为能力不够犯错；

第三，因为道德问题犯错。

显然蒋干因为经验和能力而犯错。蒋干本身去江东说服周瑜就是一件错事。作为周瑜的同窗，就应该了解周瑜的个性，他怎么可能因为自己的几句话而放弃初衷呢？而在东吴为什么会有这么多巧合的好事情发生在自己身上？结果，蒋干成为东吴探路的棋子，一步步地引曹操这条大鱼上钩。

在机关中，怎么做事，做什么事很关键。具体来说，在机关中如何处事呢？

在机遇面前，能力、经验很重要

做事最关键的是位置、能力和经验。如果没有足够的经验和足够的能力就不要强出头，完不成任务就会成为上司眼中"成事不足，败事有余"的人。所以以后再有什么重要的任务就不会轮到你了，何谈提升呢？

虽然展现自己能力的机遇转瞬即逝，但是不要因为机会而强出头。在三国时期，蒋干是个小人物，根本没有足够的心机与周瑜、庞统来斗智，强出头的最后结果，只是让曹操愤恨。

强出头，只能让自己脑袋不保

强出头的"强"字，在这里有两个意思：第一个意思是"勉强"。也就是说，你自己的能力不够，却勉强去做某件事。也许你比较幸运，可能会获得意外的成功，但这种可能性不高，通常的结果是以失败告终，这不仅削弱了你做事的激情，也会惹来一些人的嘲笑。可能你认为"失败是成功之母"，但在别人的眼中，你的失败却是"能力不足""自不量力"的表现；第二个意思是"强力"，也就是说，你虽然有足够的能力把事情做好，但客观环境还未成熟。这里所谓的"客观环境"是指"大势"和"人势"，"大势"是指大环境，"人势"是周围的人对你的支持程度。如果"大势"对，就会增加成功的难度；如果"人势"适合，你仍然固执己见，就会遭到其他人的排挤和忌恨，甚至会背后给你捅刀子。这就是"强出头"所造成的危害。

所以很多时候，即使你有能力也不能强出头。因为你做得越多，犯错的概率就越高，而自己过多地占用其他人的"机会"，就会引来他人的妒忌和反感，最后，不仅在上司那里吃力不讨好，还会引起同事的远离。

重复做无意义的事情，只能留下愚蠢的印象

避免做无意义的事情，有些事情可做可不做，就不要去做。因为这些无意义的事情，不会引来上级的好感，但是，却让上级有"这

个人只能做这样的事情"的意识。所以争取做大事,而这个大事又是你肯定能完成的。总的来说,不管你做什么事情,带给上级的办事印象应该是——能完成高难度任务,同时又是忠心耿耿、憨厚老实的。

这样,你就拥有了足够的本分——人品,以及可用的能力——价值,你被上司提升也就是指日可待的事了。

◆ 凡事请示,有乱必亡

印加帝国一度是南美的霸主。它的经济、政治、生活完全处于统治者的严格控制下,即使一件小事也要请示最高当局。当西班牙的比查罗率领168人的小分队攻击这个国家时,足足拥有20万军队的印加帝国就因为层层请示,遭受了亡国的命运。

凡事请示,有乱必亡。权力下放不仅是执政需要,还是驭人的需要。当权力集中,责任和问题也就集中,在位者事必躬亲,忙碌不已,但是问题却不会完好地解决。

杜甫在《丞相祠》中说诸葛亮"出师未捷身先死,长使英雄泪满襟"。相对司马懿的多疑,诸葛亮的谨慎更是毁掉了整个蜀汉的前程。刘备托孤,除了诸葛亮,还有另外一位大臣——李严,但是,刘备去世不久,李严就被诸葛亮挤出了权力中心。

刘备去世后,从公元223到公元234年,这十多年中,蜀汉大权一直为诸葛亮掌握。为了蜀汉基业,诸葛亮六出祁山讨伐魏国,但是，当诸葛亮去世后，蜀汉竟然面临着无人可用的尴尬境地。而刘备在位期间，蜀汉可谓是人才辈出，各得其所。

原因很简单：因为诸葛亮的谨慎，不敢下放大权，自然也就不需要掌管权力的人才。而在几次讨伐过程中，诸葛亮仅仅得到一名所谓的人才——姜维。作为一名儒将，姜维没有诸葛亮的才智。结果，诸葛亮去世不久，魏国进攻蜀汉，不久就失败灭国了。

没有权力，也就没有责任，自然就没有在位的人才，当他人进逼的时候也就处于被动状态。当消息层层上报后，在等待审批时，就被灭了。

机关的凶险让更多的人多疑，由此也就有了专权。当专权成为机关生存的"格式"，离被灭也就不远了。自己的属下，因为没有"前景"而另谋出路，而在位者事事躬亲，焦头烂额，不知轻重地处事，就会得罪别人，险象环生。所以多疑并不能将大权牢牢地把握在自己的手中，专权就意味着封死自己的出路。

现在，我们来看看，专权有什么特点——

第一，属下不断地请示。

如果你的属下因为鸡毛蒜皮的事都来请示你，那么就表示，你没有放权，大事小事只有你一个人说了算。当然，有些下属为了逃避责任，也总是不断请示，那么就要告诫他，不要逃避责任，要放开手脚。

只有一个属下能够自己作决策的时候，你才能避免被鸡毛蒜皮的小事打扰，才能专心致志地做"大事"。

第二，紧急的时候，有没有可用之人代你行权。

试想突发事件出现，你又不能去处理事务，那么，谁可以代你执行。并且这个人还可以把问题处理到你想要的程度？

如果没有人，那么你就是专权的。

第三，属下另谋出路。

如果你总是留不住人，就意味着你的权力分割有问题。除了用感情挽留人才，古代的君王还总用提升、赏赐来犒赏自己的属下。如果你的下属看到自己没有前途，再多的感情和赏赐可能也是虚的。

第五章 "机关不倒翁"是这样炼成的

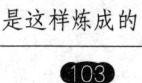

冯道是个机关老手。

作为唐宋之间五代乱世的一名大臣，历经五朝，换了十一位君主。朝朝为公卿，三次拜相，居相位长达二十余年。死后被追封为"瀛王"。所以，变动中也有不动。当机关人事变动，领导变了，你应该怎么变，怎样做才能成为"机关不倒翁"呢？

◆ 少说或者模糊说

说得越多，漏洞越多，也就越显得傻乎乎。有权的人，总是通过少说来加深别人的印象。哪怕平凡的东西，因为少说，或者模糊说，都会给别人更深刻的印象。

明代郭子章的《谐语》中，有这样一个小故事：

黄雀、蚊子、苍蝇在河岸的柳荫下谈论自己的生活乐事。

首先说话的是黄雀："七月新凉，五谷登场，主人未食，我已先尝。"接着，苍蝇说："王孙一弹打来，如何商量？"黄雀答："人为财死，鸟为食亡。"

蚊子听罢，也很得意："幽闺深院度春风，黄昏寂寂无人踪，红罗帐里佳人睡，被我偷来一点红。"

本来，河边的鳖没有参加讨论，但是听了蚊子的话，身心难耐，也爬上岸来插嘴："佳人春睡乍醒，打你一拳，如何计较？"蚊子答："牡丹花下死，做鬼也风流。"

说话间一路人过来。讨论停止，有翅膀的三只动物展翅飞走，但鳖却因为行动缓慢被路人捉住。当鳖要被放入油锅炸，成为下酒菜时，很是后悔，叹道："是非只因开口多，烦恼皆因强出头。"

这个小故事写得很有情趣，寓意颇深。概括为八个字就是——慎言慎行，祸从口出。按话语权来说，职权越大，话语权也就越高，也更加"一言九鼎"，说话的危险系数也就相对降低。所以同样是论述一件事情，就像上面的黄雀、蚊子和苍蝇，可以随便说，没有任何性命危险，但是鳖的一句话，却丢掉了自己的小命。

因为鳖的能力还不足以自保，说得越多，漏洞越多，也就越显得傻乎乎，当然，也就因为"口误"而失掉前程。

做君子，说话需要"一言既出，驷马难追"。在机关里混，少说话。在几千年的中国政治史中，大多数人都知道，"说话"是个劳心费神的事情。每个王朝总是有几个勇于纳谏、忠肝义胆的人，但是，遇到了昏君，非但没有说服上级，反而毫无意义地送掉了性命。

而那些在后面"中庸"处事的人，却躲过刀锋，安享到晚年。于是，在忠奸之间，机关生存就慢慢地演化为一种"学问和谋虑"，而少说话、晚说话、说糊涂话，则成为古代机关的特色。

曹振镛是历经乾隆、嘉庆、道光三朝的大学士。虽然在位期间没有做出什么值得称道的业绩，但是却备受恩宠，他死后还获得了"文正"的谥号，后来还入了贤良祠。这样的高位和殊荣，按他自己的话说，"无他，但多磕头，少说话耳！"

特殊的时代有特殊的政治。清末的政治就是"中庸自保"。但是无论在任何时代，一个没有政绩的领导都是可耻的。而仕途能不能安享，与权谋和政绩都是十分密切的。权谋可以保护自己的政绩不被别人盗走，而政绩可以保护自己不被轻易地打倒。而权谋表达最外显的方式，就是怎么说话，说什么。

在古代，皇帝的话可以随便说，因为他不会因为自己说什么而被砍头。但是皇帝的话却是"命令"，说错一句话，可能会让百姓受苦，良臣蒙冤。所以皇帝说话虽然没有性命之忧，却有责任之忧。而大臣则是自保，在保证自己存在的前提下，进谏说话，唯恐一句说错，掉到虎嘴里。

曾经有人问墨子："一个人说话说多了究竟是好是坏？"墨子回答说："青蛙、蛤蟆日夜不停地叫，叫得口干舌燥也没人注意到它的存在，可是公鸡每天按时啼叫，一啼叫人们就知道是天亮了。可见话说多了并没有好处，只要说的是时候就行了。"在这里，墨子通过青蛙、蛤蟆与公鸡的比较，提醒世人：话说多了不仅没有好处，甚至还有许多坏处。

所以，一个人不管地位如何，都要尽量少说话，如果说话过多，往往会让自己陷入下面三个境地：

第一，多言得罪人。

多说话的人，大多性格外向，说话大大咧咧、随心所欲，不小心就会伤及他人。

第二，多言易傲。

说得越多，表示一个人的内心越狂傲。为了给自己挣面子，说话时，总是有大话而出，吹牛皮，以为自己了不起。这样的人，只要相处时间一长，就会为人所知，不会多交。

第三，多言不诚。

说话越多，观点也就表露越多。当然，观点总是有限的，所以当有限的观点表达完，为了满足说话的欲望，就有了杜撰。一个不诚的人，怎么能得到同事和上级的信任呢？！

在机关里混，讲究内敛谨慎，口舌之争没有任何意义。相对底层的机关人员来说，上层会掌握更多机密。所以为了避免别人从自己嘴里得到"信息"，越到高层，说话也就越少，而糊涂话也就越多。一些有权的人还会通过少说来加深别人的印象。哪怕平凡的东西，因为少说，或者模糊说，都会给别人更深刻的印象，至于说话的具体意思就让别人猜去了。

而对没有掌握机密的"小职员"来说,少说话还是至关重要的。否则,就可能成为另一只"鳖",只有自己被当做下酒菜的时候,才明白自己错在哪里。

另外,在机关说话,不同人有不同的说话方式。小职员有小职员的说话方式,大领导有大领导的话语选择。而你坐在什么位置上,还要掂量一下自己怎么说话,用什么方式。

◆ 了解领导的喜好,让它成为你的喜好

> 领导喜欢喝茶,不久,办公室里的人,也开始喜欢喝茶,于是,茶室飘香;
> 领导喜欢下棋,不久,办公室里的人也开始喜欢下棋,于是,段位分明,从不会越级。

清代的礼帽有两种:凉帽和暖帽。礼帽要从上到下同日更换。当乾隆爷70多岁的时候,身体大不如从前。一次,他从热河回京,有些冷,于是就换上暖帽,大臣纷纷效仿。过了几天,天气暖了起来,乾隆又换上凉帽。大臣又忙着换帽子。乾隆看到很是诧异,为什么大臣这么换来换去。仔细一想,苦笑道:"原来是朕老了。"

虽然皇帝是老了才把帽子换来换去的,但是大臣并没有老,也没有一个发出异声,仍跟着皇帝换来换去。为什么会这样?

我们先从人的本性上来说。不管什么人总是在寻找与自己接近的人,暂且称之为"知音情结"。古人的中庸话叫"物以类聚,人以群分",贬义则称"近朱者赤,近墨者黑""狐朋狗友";褒义则是"管鲍之情""伯牙子期'高山流水'觅知音"。

机关是人性密集的结合场,虽然"道不同不相为谋",但是当利益、权力和人性相结合时,就有了不同程度的妥协。尤其在上下级关系上,为了保持组织的"一致性",就有了不同于领导的趋同性——

领导喜欢喝茶,不久,办公室里的人,也开始喜欢喝茶,于是,茶室飘香;领导喜欢下棋,不久,办公室里的人也开始喜欢下棋,于是,段位分明,从不会越级。

投其所好,从来都是机关不成文的规定。看看古代最大的官——皇帝的喜好和当时的流行就可以知晓了。纣王奢侈异常,所以朝堂流行奢靡之风;曹操喜欢歌赋,所以曹操在位期间,文人歌赋很是辉煌;五代皇帝喜欢礼佛,所以礼佛的官员很是"猖獗",好处是,有了闻名历史的敦煌莫高窟。

如果这个第一大领导喜欢的比较"正",那么朝中忠臣就轻松得多,不用时时刻刻地进谏规劝皇帝,而皇帝的习惯是负面的,那么,不懂得迂回的忠臣往往会被佞臣陷害。

大多佞臣相对忠臣都是更懂得"投其所好",这也是为什么当一个皇帝有了某种偏好,即使这个偏好看起来并不影响江山社稷时,还是会因此而得到"昏君"的骂名。因为佞臣会趁着和皇帝"臭味相投"的时候,上奏国家大事,而皇帝"聚精会神"在偏好上的时候,往往都会口头认可,于是,"一言九鼎"的"口谕"就成为佞臣的尚方宝剑。

当然,现代机关少了"一言九鼎",上下级之间也不是"君臣"的关系。所以投其所好,并不像古代机关那样明显,但是和上司保持风格一致,在工作上,还是有些必要的。

不同上司的处事风格、喜好都是不同的。如果你的上司是保守派,那么,时髦的打扮、流行的口头禅,就是他忌讳的,而循规蹈矩的形象才可能被上司认可。如果你的上司是不拘小节的,那么,你过于严谨、斤斤计较的风格就会被排斥。

为什么会这样?

有过合作经验的人都知道,和风格相似的人在一起工作,要省心很多。因为自己没有想到的下属则会想到,而自己想到的,他可能会做得更好。相反,如果风格迥异,自己可能要花费更多的时间和精力去交代问题,即使这样,对方也不能做到让自己满意。

所以亲近和自己相似的人,不仅是上级决定的,还是工作本身决定的。因为和风格相似的人在一起工作,更有效率,也更有成就感。

当然,除了工作外,有相同的喜好也会加深双方的感情,也有利于自己更加了解对方。如果你的上司喜欢下棋,而你是个下棋的白痴,两个人在一起,就没有什么共同话语,也就没有"惺惺相惜"的感觉。

相反，如果你也是段位高手，那么对阵切磋的时候，就会得到上司的好感，而自己的优点和才能也会慢慢地被上司发现，甚至在交流中，你还能从上司那里得到一些对自己有利的消息。

总的来说，对待上司投其所好，不仅仅是拍马屁。在外，有工作合作的需要；在内，有心灵相惜的"知音"情结作怪。如果你不是大名鼎鼎，就要投其所好，和上司接近，相知、相识，进而使其发现你的优点。否则，你的迥异风格只能让你成为他的"绝缘"下级，那又何谈重用、发挥才能呢？

其实，良好的上下级是亦师亦友的，你可以从上级那里学习到如何工作，也能在交流中感受"心灵相吸"。即使这是你刻意为之的，也有可能你会喜欢上他的爱好，甚至使得这个爱好成为你的爱好。

无论任何时候，上司都是办公室里的核心人物。如果你是办公室里的普通一员，跟上司的关系处理不好，将可能影响到你的情绪、表现，甚至前途等。所以要适当地了解上司的生活习惯、处事作风，然后投其所好。值得注意的是，无论怎样和上司保持趋同性，都不要丢掉自己的本身而去谄媚。聪明的上司从来不会厚待谄媚的下属。

◆ 比靠山更可靠的是让自己有价值

安禄山有一段时间备受唐玄宗宠信。在京任职的张洎与安禄山交好。

一次，张洎和诗人李白说了他和安禄山的关系，想将安禄山作为自己机关的靠山。李白直言说："安禄山有谋反之心，恐怕你会受牵连。万万不可靠，还是靠皇上吧！"

不久，安禄山反唐，张洎庆幸说："幸好我没有靠山！"

靠山是靠不住的，只有让自己有价值，才会有不断的山来让你靠。

混机关一定要有靠山，有靠山就有捷径，但比起靠山来，还是自己的价值更值得信赖。通俗地说，无论是在机关还是在职场，一个人要有让自己被利用的价值。可被利用，才能找到靠山，才能最终摆脱靠山。机关上的个人价值定律告诉我们：只有自己有价值，才能有长期立足的基石。这里所谓的价值，就是指一个人的品质和做事的能力。俗话说，靠天靠地靠父母，不如靠自己。你是上司的人，上司却不一定是你的人。在机关就是这个道理，除了自己，谁也靠不住。

靠山只能管一时，自己才能靠一世

号称中国历史上最大的贪官和珅，他之所以在机关屹立几十年不倒，就是因为找了乾隆当靠山。有皇帝撑腰，听起来让人很羡慕。的确，在乾隆宠他的时候，没人能够扳倒他，想跟他斗的，下场都不怎么样。但是乾隆一死，嘉庆上台，他接着也完了，不但被赐死，而且全部财产都收归国库。

像和珅这种人，他对国家有害无益。他横行机关的唯一手段就是揣摩皇帝的心思，拍马屁；唯一会干的事就是把国家的钱装进自己的腰包。所以在嘉庆皇帝看来，这种人一无是处，一点价值都没有，当然就不会留着他了，动起手来那是一点也不手软。

再硬的后台和靠山，都只能管一时，把希望寄托在"背靠大树好乘凉"的想法是愚蠢的。就像唐代的张洎，他跟安禄山的关系一度不错，还曾经一度想把安禄山当做自己在机关的靠山，幸亏李白看透了安禄山的谋反之心，一番劝解，打消了张洎的念头，才使其在后来的安史之乱中没有受牵连。假如当初他投靠到安禄山的门下，傍上那棵大树，那么安禄山这棵树倒掉之时，也就是张洎身败名裂之时。

把希望寄托在某个人身上，结局往往就是这样的。当你的后台还靠得住时，自然是要风得风、要雨有雨。一旦靠山倒下，你往往就是最不幸的陪葬品。

不管时代如何变化，一个人的基础价值和他的工作价值，都是他在职场或机关立足的根本。能做事是最大的法宝，即便因为没有靠山而暂时受到冷遇，也早晚会发光，因为他是真正的金子。至少，不会给自己带来无谓的麻烦和祸端。

在机关，有时候也需要站队

如果一个人既能独当一面，又具备忠诚不贰的品质，那就是最硬的底牌了。当他有足够的个人价值时，每个上司都会拉拢他。尤其是当上司需要跟对手竞争时，就更渴望下属的效忠。这时，作为下属的你，就会面临一个站队的问题。即，你必须选择一个靠山，哪怕是暂时的。所以人在机关身不由己，有时就需要站队，关键时刻要果断地表现出自己的忠诚。

在这关系复杂的官场上有谁不拉帮结派呢？江湖上谁能没有几

个朋友呢？所以在机关，有时候也需要站队。俗话说得好，人的一生有三遇：出娘胎时，最好遇到一个为你铺设前程的好父亲；进学堂时，最好遇到一个悉心传道授业的好师父；走上工作岗位时，最好遇到一个能够提携你的好领导。三者全遇到者相当少，但只要能够遇到一个，你这辈子就不会有太大的苦头吃。如果三者全没有遇到，这个人就算有所成就，他的人生也是苦不堪言的。能否遇到好父亲，这不是我们自己能够选择的；遇到好师长，这并不是对所有的时期都重要。所以人生最最重要的就是怎么遇到一位或者多位好领导，而且这些领导一茬接一茬地关心自己，这样的话，你无论是在职场还是在官场都可以春风得意。

在当今社会，如果一个人光凭自己的能力来做事情，而没有一些能够给予你支持的人脉关系，没有选择一个正确的队伍，就算你再有能力，也会老死在行走的路途中。

◆ 不要玷污你的双手

看起来，要让自己是一个品德高尚、端庄和正派的人。无论什么时候，都不能让自己的双手做出错误和肮脏的事情。当然，完美无瑕的外表背后，有些事情可以让别人来帮你完成。

机关如战场，德意志的铁血宰相俾斯麦说："我们没有永恒的朋友，却有永恒的利益。"在机关中，追逐权力和利益最大化是很多人的梦想。但是，作为一个机关人员，如果为了追逐权力忘记了

"名声"，那他也不会走得太远。所以在机关中，想要权力最大化，就要让自己成为"好名声"的典范。一身干净，德才兼备，千万不要玷污自己的双手。而在底下，那些不为人知的事就要借他人之手来做。

这就需要借刀杀人。在三十六计中，借刀杀人的原文是，"敌已明，友未定，引友杀敌，不自出力。以《损》推演"。意思是，分清敌人，但在同盟朋友未定的情况下，可以借用盟友的力量去打击敌人。虽然会使盟友受到损失，但这却为自己换来了利益。

公元 219 年 7 月，刘备取得汉中，进位汉中王，关羽听此消息，受到莫大鼓舞，于是北取曹操的襄樊。当时，曹操命于禁为将，督七军救曹仁。8 月，山洪暴发，关羽水淹于禁七军，于禁投降，关羽诛杀了不肯投降的庞德。后来关羽以偏将攻取襄阳，自己则攻打樊城。

曹操听到消息，很是惊慌，想迁都避开关羽的大军。但是，司马懿和蒋济认为不妥，劝曹操说，东吴孙权和汉中刘备虽然联手赤壁结为亲戚，但骨子里却是疏远的。孙权曾经向关羽提亲，希望关羽能够把自己的女儿嫁到东吴，关羽却说："虎女怎能嫁犬子！"一口回绝。

司马懿和蒋济分析，关羽的取胜会引起孙权的忌惮和不满。可以派兵到东吴，劝孙权出兵袭击关羽的后方，而给孙权的好处则是——获得江南的所有权。曹操听取了建议，派人到江东和孙权结盟。同时，命大将徐晃和张辽率军救援曹仁。

建安二十四年（公元219年）10月，孙权派大将吕蒙乘关羽与樊城守将曹仁对峙之时装作商人，昼夜兼程，偷袭了荆州，并一举夺取了关羽大本营——江陵。而此时徐晃到达前线，曹军士气大增。徐晃采取离间计离间孙刘，关羽犹豫不决。这使得蜀汉军心动摇，于是徐晃趁机袭击关羽。最后，关羽节节败退，后得知荆州被吕蒙夺走，败走麦城，最终在临沮被孙权捉住杀死。

此后不久，刘备闻听关羽被孙权所杀，悲愤异常，不顾诸葛亮的劝说，率师攻打东吴。但是，却被陆逊火烧联营，蜀汉积攒的力量因一战而骤降。

这就是曹魏的借刀杀人，不仅利用东吴的力量解决了曹魏的危机，使得东吴和蜀汉的结盟得到进一步的破裂，还重伤蜀汉，使刘备损兵折将，整个蜀汉的基业都被动摇，进而为整个曹魏政权的稳定奠定了基础。此后，诸葛亮六出祁山，物资、士兵、大将都极为匮乏，而曹魏多次被攻打之后，并没有受到很大影响。

在借刀杀人的时候，曹魏让东吴成为"脏手"——关羽被东吴的孙权所杀。这也是为什么刘备此后不找曹魏报仇，而找东吴报仇的原因。

机关如军事，少不了政治权术，在潮流暗涌的各个派系之间，总是有一方力量可以为自己所用。当然，也总有人希望利用你的力量去对付别人，而把自己择干净。因为自己的双手干净，才有条件去"号令"他人，进而成为典范而上位。如果你不想上位，也需要双手干净，因为只有这样，才不会因为名声而遭到别人无形的打击和被人利用。

◆ 如何对付新领导和旧领导

新上任的领导很多都是笑容可掬、亲切有加。但是他们并不是真正的平易近人、乐于接触群众，只是因为展露"真容"的时机未到。时间一长，他们的架子就会摆起来，官腔十足。

《韩非子·喻老》记载了楚庄王"不鸣则已，一鸣惊人"的故事：

少年继位时，楚庄王面临朝政混乱的状态。为了稳定大局，他表面上不理政事，而是饮酒作乐、胡作非为，并且不听贤臣进谏。

右司马御座，用暗喻问楚庄王："有一只鸟，落在南边的土山上，三年来，从不展翅腾飞，也从来不叫不鸣，这是一只什么样的鸟？"楚庄王说："不展翅，是为了长羽翼；而不飞不鸣，是为了观察民众。这只鸟虽然从来没有展翅，但是一飞则冲天，虽然没有鸣叫，但是一鸣则惊人。"

不久，楚庄王看到时机成熟，快速果断地整治朝纲，大批贤人和能人被引进朝堂，如苏从、伍参、孙叔敖、沈尹蒸等，而奸臣和小人则被罢黜。在楚庄王的带领下，楚国日渐强盛，先后灭掉周围的小国，问鼎周王朝，成为春秋五霸之一。

而在现代机关中，一个职员不可能隐忍三年再有所作为，时间不等人，几年一换的机制不允许过长时间地等待。但这并不影响一个新领导上任时，把自己暂时地潜伏起来，以观部门时局。

于是就出现了这样的上级：

一个满脸温和的上级在经历最初的温和后，竟然变得杀伐果断，毫不留情地处事。

一个雷厉风行、不苟言笑的冷面罗刹，烧了几把火之后，变得极易相处起来。

一个笑容可掬、亲切有加的领导新上任，面对群众亲近异常，嘘寒问暖。但是，时间一长，你就发现他并不是真正地平易近人，只是因为展露"真容"的时机未到而已。当局势稳定，他们的架子就会摆起来，官腔十足。

不管怎么说，当一个新上司上任时千万不要懈怠，最初的工作作风不代表他以后也是这样。具体来说，你可以这样做：

工作，永远不落伍

工作业绩永远是自己被认可和被接纳的法宝。尽忠职守不管在过去还是现在都是必不可少的。不管你的新上司是笑面虎还是冷面罗刹，尽职尽责永远是正确的。在此也应避免自己因业绩斐然而招来上司的忌惮。

面对新上级，谁都想引起上司的注意，成为上司身边的红人。所以在同一时间，你能否胜出就至关重要了。因为当新上级确认自己的左右手后，就很难有人再入他的法眼了。

由此可见，主动出击，展示自己，尤为关键。当然，展示自己的度要把握好，既不能过火，也不能冷淡。

察言观色，诊断上级

即使处于潜伏状态，上司还会表现出自己的工作作风。所以从日常的做事喜好、表情行为上也可以一窥上级。可以说，善于察言观色是机关的生存之道。

值得注意的是，在和上级交流时，除非上级问到"过去如何"，自己千万不要用这个字眼，这会让他感觉你不臣服，让他没面子下不了台。

把握大局，先君之忧而忧

不管什么样的人走上新岗位，都是希望先稳定局面。人事调动，自然会带来暗流涌动。所以你需要做的不是和新上级顶嘴，哪怕他的观点有失误，而是老实本分地工作，避免去当煽风点火的搅局人，也不要参与某些派别的争斗。

为人下属者，你没有权利挑选领导

小秦是三年前进机关工作的。当时面试他的人就是他的顶头上司张主任。张主任在面试时对小秦十分热情，而且很看好这个刚刚大学毕业的小伙子。当小秦正式上班时，张主任向人事部提出申请，希望小秦能做自己的手下。三年来，张主任对小秦非常器重，有什么重要的任务都喜欢交给他去办。按张主任的话说："这个小伙子文化高，脑瓜灵，好好培养一下肯定是块好料。"

可是，万事都是有变化的，张主任被调到财政局任职办公室主任。小秦对这个有知遇之恩的领导依依不舍。接手张主任工作的是新调来的刘主任。单位为了送旧迎新，特意举办了一个宴会。在宴会上，小秦频频向张主任敬酒，并伤感地说："主任，说句心里话，当知道你要调走的事情之后，我心里一直不好受，我真愿意跟你一辈子。"

俗话说，孩子是没有资格选择父母的。同样，为人下属者也没有权利挑选领导。任何人步入社会，都会遇到形形色色的领导。运气好的会遇到平易近人、知人善任的领导；运气差的则会碰到一些贪婪集权的领导。作为下属，你一定要明白，不管新领导和老领导之间有无矛盾，你当着新领导的面向老领导表达"依依不舍，唯他是从"之感，会让新领导处于一种尴尬的局面。在以后的相处中，新领导就会把你看成眼中钉、肉中刺，更不可能会重用你。

不管遇到什么样的领导，你都要懂得面对现实，并且要学会与现在的领导和平相处，在适当的时候，要学会表达自己对"新主子"的忠心。

◆ 投降是获得机关权力的最佳手腕

《易经》说，潜龙勿用。不管一个人有多大的能力，当他只是弱者的时候，最佳的办法是投降，为荣誉而战只能铩羽而归。投降的好处是，可以保全自己，让自己成长和恢复。当对方处于弱势之后，就可以去征服他。对于弱者来说，投降是获得权力的最佳方式。

春秋末期，吴王夫差发兵打败了越国，越王勾践被抓到吴国当了马夫，日夜侍候马匹。越王勾践每天睡在柴草上，临睡前，用舌头舔舔鹿胆的苦味，以此来提醒自己过往的苦日子，要发奋图强，报仇复国。

对于昔日的君王来说，走到如此境地是非常难堪的。但是勾践暗下决心，一定要恢复自己的国家，所以他没有露出丝毫的抗拒之情，老老实实地养马。勾践还装出对夫差忠心耿耿的样子。他用心替夫差驾驭马车，态度谦卑。夫差认为勾践真心归顺了，就放他回国了。

勾践回国后，决心要使越国富强起来。他亲自参加耕种，和百姓同甘共苦，他怕眼前的安逸消磨了志气，就"卧薪尝胆"，还常自问："你忘了在吴国的耻辱了吗？"

勾践又给吴王送去美女西施。吴王夫差就更加只顾吃喝玩乐，无心问政，弄得国家日渐衰弱。经过二十年的充分准备，勾践看时机已经成熟，就在吴国没有防备的情况下，领兵把吴国打得大败。夫差感到很羞愧，举剑自刎而死。

历史总是惊人的相似，在中国人感叹越王勾践卧薪尝胆，三千越甲可吞吴时，西方也在同样上演着相似的历史。这就是著名的——卡诺莎觐见，也称卡诺莎之行。

11世纪的欧洲，皇权和教会的斗争十分激烈。公元1075年，教皇格列高利七世颁布了《教皇敕令》27条——

敕令宣称：教皇权力至上，拥有废弃皇帝的权力。敕令还规定了只有教皇才能任免主教，而君主则没有册封的权力。

命令一经颁布，就引起了整个欧洲上层的混乱，尤其是德意志皇帝（史称神圣的罗马帝国皇帝）亨利四世反对更是异常激烈。在11世纪的德国，主教和修道院长本身就拥有了过高的权力，已经威胁到皇权，所以年仅二十三岁的亨利四世，听到命令后自然义愤填膺，立即宣布解除教会权力的命令。

不久，教皇格列高利七世发布敕令，革除亨利四世教籍，罢免其掌控国家的权力，并且下达《绝罚令》解除德意志臣民对他的效忠誓约。因为教籍的解除，亨利四世的实力迅速被削弱，同时国内再次发生动乱。不久，帝国会议决定，如果亨利四世一年内所受的《绝罚令》未被解除，那么，君主职权就要被废除。

无奈之下，公元1077年1月，亨利四世只好带着妻儿从德国远行至意大利北部的卡诺莎城堡，觐见教皇格列高利七世。根据惯例，年轻的德皇只能赤足披毡（囚犯衣装），站在寒冷的雪地上，恳请教皇接见。在雪地里站了三天三夜，亨利四世才得到格列高利七世的首肯觐见，并且格列高利七世原谅了亨利四世。

受尽精神和肉体侮辱的亨利四世，重新掌握了德意志的政权，而这次觐见也使他赢得了更多人的同情，臣民们的效忠激情不断升级。很快，亨利四世在臣民的帮助下，回国平定了内乱。两年后，到了公元1080年，亨利四世与格列高利七世斗争更加激烈，最终以亨利取胜而终。曾经显赫一时的格列高利七世遭到亨利的革职，被困于罗马城。他后来从城南逃跑，在颠沛流离的逃亡生涯中，客死在意大利。

这就是著名的"卡诺莎之行"，在西方，"卡诺莎之行"已经成为忍辱负重的代名词。亨利以大丈夫能屈能伸的气度笑到了最后。

《易经》说，潜龙勿用。不管一个人有多大的能力，当他只是弱者的时候，最佳的办法就是投降，为荣誉而战只能铩羽而归。投降的好处是，可以保全自己，让自己成长和恢复。当对方处于弱势之后，就可以去征服他。对于弱者来说，投降是获得权力的最佳方式。

至刚则易断

至刚则易断。在机关中，一个人过于刚强，不懂得屈伸，很快就会招来别人的打击和报复。不懂得委曲求全，当自己只是鸡蛋的时候，硬和石头去碰，得到的结果自然就是彻底失败。先生存，后发展，只有懂得屈才才能在险境中求胜，也只有在求生之后，才能刚柔并进、躲过祸端。

三国时期，刘备看起来很"软弱"，不断地依附他人求生，但是，最终却可以创建蜀汉政权。而项羽虽有惊人的武艺，却自刎乌江，虽然风光一度，成为西楚霸王，但最终却浪费了整个江东子弟的才华和心血。

这就是至刚则易断的生存道理。

通过交出权力传递弱点

没有任何一个"投降"的人仍然手握大权。勾践去除国王的头衔后，到吴国为夫差做牛做马，国内之事只交给大臣。而刘备隐忍多年，也很少手握重兵，无论依附任何人，表现出的都是"真挚降服"。正是这"诚挚"的投降，他才能在各个诸侯的羽翼下生存，进而谋得进取。

所以如果没有实力去拿权力之剑，那么就把它放在心中，而实体的权力就让别人去拿，自己也避免了被猜忌和杀害的危险。最后，狐假虎威，伺机而动，最终吃掉老虎。

◆ **机关中的暗箱操作定津**

有名利的地方就有暗箱。

任职、罢免，虽然最后被刊登在大字报上，但是，关键不是刊登，而是前面的过程。

我们都见过洗印后的相片，但你可曾想象过，如果站在相机里，看相机后背捕捉影像，是怎样的一种体验呢？人们看到的相片是正立的，既美丽又真实，但最真实的拍摄，影像一定是倒立的，这就是"暗箱摄影"。通过暗箱获得真实世界的投影，利用小孔成像的技巧，使得外面的景色颠倒地投射到底片上。这和机关中的暗箱操作有着极大的相似性，它们统一的表现都是：

1. 结果和过程有着巨大的差异，甚至完全颠倒。

2.最重要的不是结果,而是被藏在暗箱里的过程。

很多时候,机关人员的任职、罢免,虽然最后被光明正大地刊登出来,但是最关键的不是刊登,而是刊登之前多数人无法看到的过程。这就是暗箱操作定律:机关人员的任免决定于交易,工程的发包取决于暗箱。

有一家大型企业,董事会决定在全集团总公司及分公司十几个总监中公平地选择一位副总裁,还成立了一个评审组,由人力资源部门及相关高层组成,严格审核,各项考核数据都公示给员工,过程一点问题都没有,最后胜出的人也在大家的意料之中。因为员工们都觉得他很优秀,平时负责集团市场部的工作,有业绩也有能力,资历也够了。

但是没过几天,一名员工无意中听到上司的聊天,发现结果早在这次竞选前就定好了,副总裁的人选只在两人中间进行选择,分别是集团的市场总监和销售总监。所有参与的人都被操纵了,变成了陪太子读书,一场注定没有希望的游戏。

前不久,某地的某计生部门就曾闹出过这方面的笑话,贴出一个招聘告示,招聘播音员,提出了一系列条件。最后人们才发现,为什么不需要播音员的计生站会干出这种事,原因是该播音员是某领导的亲属,一直想安排进广电部门,但因为编制已满,实在进不去,就让计生部门搞了一次暗箱操作,做了一次假招聘真内定。

像类似的这种事,在机关里是一条铁打不动的暗规则,权钱交易，官官相护，提拔任命，降职惩罚，无不充满了暗箱的运作和不道德的行为。

为什么会有暗箱操作呢？

因为领导总想任命自己喜欢的机关人员，但领导喜欢的，下面的人不一定喜欢。所以如果走透明的程序，未必能如愿上位。于是当领导的就利用手中的权力，把本该公正的程序变成了一个强扭的"瓜"，以保证他自己的利益。

在很多时候，当金钱的力量介入时，暗箱操作的事情也会发生。最普遍的莫过于项目竞标，明为公开公正，任何投标者都有机会，实质上却是背后的交易决定了最后的结果。有些机关人员就借这样的机会收受贿赂，大捞特捞，然后"拿人钱财，替人消灾"，通过暗箱操作让资质不够的公司获得项目，使国家的财产遭受损失。

暗箱交易具有世界普遍性。不久前，欧美27国的特别峰会进行选举，德国和法国就预先宣布在谁出任要职上达成了协议，这引起了多个国家的不满，指责德法两个大国搞台下交易，整个选举过程暗箱作业。

只要有利益和权位，就会有"暗箱"存在。

暗箱操作的手法有如下几条：

领导批示或打招呼，甚至是暗示；

私下协议，联合排挤共同的对手；

权钱交易，幕后小圈子作决定。

……………

一个人只要进了机关，权力和利益挂钩，就不可避免地会遇到这类情况。有时你不送礼，就很难得到一些公正的机会；还有的时候，你不向领导表明决心"成为领导的人"，就难以在一个部门立足。从广义上讲，这都是暗箱操作的一种。

所以说，"暗箱"是腐败的温床。如果任何事情都采取以"暗箱操作"的方式进行，社会想不腐败都难；官员们容易发霉的思想只有经常晾晒，才能保持健康，而民主则是最好的晒场方法。例如，某一个城市究竟应该把有限的资金投向哪里？一块"宝地"由哪一家开发商开发，一个重要的项目建在什么地方，某个要职由谁来担任？这些都需要进行公开的竞选或者竞标。若实行民主，在"阳光"下运行，就不会再有那些腐败的暗箱操作发生。在真正民主的情况下，所有的领导和官员就像生存在透明水缸里的金鱼，他们的一举一动、一言一行都在众人的关注之下，那些腐败之人就不可能等到"做大做强"才暴露出来，贪污受贿的财物也不可能等到"巨额"才被发现。

究其原因，机关的主体是人，任何貌似公正的程序都可以因为"某种原因"成为私人的工具。而其中，利益又起到了决定性的因素。利益控制着各种明规则和暗规则。所以我们可以相信程序，真理也可以摆在桌面上，但是也有真相永远藏在桌面以下。

◆ 机关中的互惠原理

如果你需要别人的帮助，不要总是说自己曾经帮助了他，这会让对方烦恼。

其实，不妨说一些好处给他。只有这样，他才会对你提出的"帮助"热烈回应。

让人帮你，也要双赢。

一个牧场主和猎户是邻居。他很苦恼，因为他家的羊群总是被猎户家凶猛的猎狗攻击。牧场主找到邻居，希望邻居把猎狗关好，虽然猎户口头答应了，可是没过几天，猎狗又跳到牧场里咬伤了牧场主的小羊。

最后，牧场主忍无可忍，直接找到镇上的法官，希望法官能够采取措施，禁止猎户把猎狗放出来。法官听罢牧场主的控诉，说："虽然我能处罚猎户，让他把狗关起来。但是你和邻居的关系从此也就破裂了，你不但少了个朋友，还多了个敌人。作为你的邻居，你希望他是朋友，还是敌人？"

"当然是朋友。"牧场主说。

"那我给你出个主意。"法官对牧场主交代了一番。

牧场主高兴地回家了。一到家，他就挑了三只可爱的小羊羔送给猎户的儿子。孩子们看到后，很是高兴，每天都和小羊羔玩耍嬉戏。为了避免猎狗攻击小羊，猎户就把狗关了起来。从此以后，两家成为了好友，猎户时常会带给牧场主些野味，而牧场主也以羊肉和奶酪相赠。

邻居尚且需要一些利益作为补偿，才能让双方高兴。机关中更是如此。如果你需要别人的帮助，不要总是说自己曾经帮助了他，这会让对方厌烦，以为你在说他忘恩负义。其实不妨给他一些好处，这样他对你提出的"帮助"才能热烈回应。

从根本上来说，人与人的关系是一种利益关系，只有他人的利益同你的利益紧紧地绑在一起的时候，他人才可以像为他自己谋利或避害一样，为你着想，因为这一着想以及由此而产生的努力，可以同时带来其自身利害的相应变动。所以与人相处时最好的办法就是"让他人为自己的利益着想"。芒格说：如果你要说服某人，以利害关系入手，不要解释原因。机关虽不是商场，但是利害关系往往是你说服对方的突破点。

张仪师从鬼谷子学习捭阖之术，出世后，历尽千辛万苦才投奔于燕昭王门下。很快，因为学识，他成为燕昭王的上卿。

燕昭王继位前，老燕王曾将王位让位给大臣子之，引起了太子平和动乱。而临近的齐国趁机进攻燕国，不到两个月就占领了燕国全境。所以燕昭王虽然继位，但没有任何实权。于是张仪出使齐国，和齐宣王谈判，希望齐宣王归还占去的燕国土地。

"大王知道，燕昭王是秦惠文王的外孙，可以说，燕昭王的后盾就是整个强秦。大王占据了燕国，秦国就会不满。相反，如果大王将占领的燕国十城交还燕国，那么，燕秦都会感激大王，支持大王。届时，大王以秦燕作为支持，号令天下。天下诸侯莫敢不从，齐国霸业指日可待！"

齐宣王听后很高兴，于是归还了燕国的土地。

很显然，张仪采取的是曲线救国的策略，分析占领燕国土地对齐国的利害关系。他没有说齐国占领燕国国土，燕国和燕王会如何如何，而是从齐国分析齐国占领燕国，就会遭到强秦的不满。而归还燕国的土地，非但可以和秦燕两国相好结交，还能够号令诸侯，霸业可成。得到好处的齐宣王自然就迫不及待地归还燕国的土地了。最后，两国达到"双赢"的结局。

想要说服对方完成某件事，让对方认识到自己从中得到的利益，远远比陈述自己的好处要有效得多。因为权术本身就是利益和权力的争夺。在让别人获得利益的同时，自己也就附带成功了。

比如，你的上级要做某件错事，这件事情不但会影响上级的"前途"，连你也会深受影响，那么你就要劝阻上级避免去做这件事。你的说服方法就要从上级的角度去分析，陈述对其前途的破坏性，而当上级认可你的意见时，你也就顺便保住了前途。相反，如果你只是就事论事，或者陈述对别人的影响，上级接受意见的可能性就会大大降低。

当然，利益和权力都是错综复杂地纠结在一起的。在上面的实例中，虽然齐国归还了燕国的土地，但是燕国并没有忘记齐国的仇恨。面对齐国号令群雄，燕昭王就会从中阻挠。所以此后，燕昭王又派张仪采取离间计，破坏了齐秦的关系，同时唆使齐宣王攻宋，结果，齐国在攻打宋国后，实力骤降。

权力争斗的双方，可以是一时的朋友，也可以是一时的敌人。你方唱罢我登场，换个角色和定位，就换了关系的性质。不管怎样，节点就是权力和利益。需要的是，把握节点，这样既能说服别人，也能避免自己被人假意说服。

所以说要想获得别人的帮助，就要为对方着想，以对方的利益为起点，让对方明白做这件事情对自己有利，那他还有什么理由不答应呢？

◆ 怎样做才能成为"机关不倒翁"

冯道是个机关老手。

作为唐宋之间五代乱世的一名大臣，历经五朝，换了十一位君主。朝朝为公卿，三次拜相，居相位长达二十余年。死后被追封为"瀛王"。所以，变动中也有不动。当机关人事变动，领导变了，你应该怎么变，怎样做才能成为"机关不倒翁"呢？

提到"不倒翁"，我们都会想到一种玩具。它是一种形状像人，而在造型和重量上制成一经触动就摇摆然后恢复直立状态的玩具。尽管只是一种玩具，但让人佩服的是，这种不倒翁的精神并不是每个人都能拥有的。

人在官场飘，焉能不挨刀？官场中常常是明枪暗箭、战火不断，这就决定了做官是一种危险系数极高的职业。难道仕途就没有常青树、不倒翁吗？答案是：有的。只是这样的官员如凤毛麟角。据历史资料记载，官场上能够算上"不倒翁"的也有好几位，其中"五代时期"的冯道，可以算得上是其中的"佼佼者"。作为唐宋之间五代乱世的一名大臣,历经五朝,换了十一位君主。朝朝为公卿,三次拜相,居相位长达二十余年。死后还被追封为"瀛王"。

历史上,冯道的形象颇为不堪。很多人都认为他长袖善舞、见风使舵。北宋的司马光认为他连女人都不如,并著述写故事说,女人尚且为自己的胳膊被拉而断臂,但是冯道却不断地侍奉新君。

下面是五代十国中冯道的履历表,即冯道侍奉过的十二个皇帝的名单:

后唐庄宗李存勖

后唐明宗李亶

后唐闵帝李从厚

后唐末帝李从珂

后晋高祖石敬瑭

后晋出帝石重贵

辽太宗耶律德光

辽世宗耶律阮

后汉高祖刘暠

后汉隐帝刘承祐

后周太祖郭威

后周世宗柴荣

当然,在士大夫的眼里,做官就要"武死战,文死谏"。按这样的话来说,冯道起码要自杀十一次才是正常的。但是,在五代十国,做臣子却不允许这样。一朝天子一朝臣，如果所有的文官武将，都在新帝登基时自杀，那短短的几十年间，每隔三五年起码官员就会集体大自杀一次。中华文明恐怕就又多了几次新的焚书坑儒了。

在五代十国，乱世中的机关人员是不幸的。这时比不上太平盛世的年代，只有一个朝代，甚至一个皇帝。所以处于这个时期的冯道，竟然还在机关混得如鱼得水，也算是不幸年代中的幸运了。

其实冯道出道的机关并不是一帆风顺的。冯道曾经因为年轻气盛进谏，而被刘守光关进监狱。一次牢狱之灾，让冯道认清了形势：战乱频繁的时代，想要从政，就不能一条道走到黑。面对不同的上司，自己说话做事的方式也要不同。只有这样，才能保住自己的性命，进而保持自己的人格。

那么，冯道是怎么让自己如此幸运的呢？面对不同性格的君主，冯道又是怎么游刃有余地把握的呢？

了解个性，洞悉要害

了解每个皇帝的秉性，是冯道在机关中得以保命的前提。而洞悉事件背后的要害，冯道在进行谋动的时候，才能够取得不错的收效，得到皇帝的信任。

赏识的上司，多多进谏

冯道的父亲去世，他辞官回家。当他再回到京城时，皇帝已经由李存勖变成了李嗣源。因为很早就听到了冯道的名声，李嗣源很快就把冯道提升为宰相。不得不说,他们的君臣关系相处得很好。

李嗣源问冯道治国之道,冯道回答说:"陛下应该以德治国。"这年民间丰收,战事较少。冯道对李嗣源讲了自己的一件事:"早年,臣追随先帝时,奉命出使,遇到一个关隘,非常险要,所以很谨慎。人马都安全通过了。到了平地上,就放松了,以为没事了,结果从马上摔了下来。所以陛下也不要因为今年五谷丰登就松懈了,而应更加努力,使江山稳固。"

因为冯道本身就受到李嗣源的赏识,所以冯道在说服进谏的时候很是积极,希望通过自己对皇帝的指引,能够使得国家强盛。所以遇到赏识自己的上级,把自己的能力展现出来给他看,当他看到自己认可的人竟然如此优秀时,就会更加宠信。

不赏识的上司,旁敲侧击

最为不齿的皇帝石敬瑭死后,他的儿子石重贵继位。但是,这位新上司并不喜欢冯道,于是把他派往地方做了节度使。不久,石重贵和契丹开战,三次大战后,兵败,后晋灭亡,流亡契丹。契丹入住中原后烧杀抢掠。冯道主动去见耶律德光。耶律德光问:"为什么见我?"冯道回答道:"无兵无城,怎敢不来?"耶律德光又说:"你是何等老子?(你是什么老东西?)"冯道答道:"无才无德,痴顽老子。"耶律德光大笑,授予他太傅职衔。

马上得天下的耶律德光问冯道:"天下百姓怎么能救?"冯道说道:"现在即使佛出世也救不了,只有皇帝你能救。"虽是讨好的言辞，但耶律德光的滥杀却少了很多。

虽然得到了耶律德光的职位，但是冯道的官做得并不安稳。作为外氏君主，冯道则是小心翼翼地劝谏。因为耶律德光刚刚占据中原，骄傲异常，所以冯道总是顺着皇帝的心思进行引导。

此后，冯道又顺利地侍奉了多位君主，直至去世。

纵览历史，虽然冯道侍奉了多个君主，却也是一心为民。他不断地进谏皇帝尽量少发动战争。而在生活上，他也是勤俭克制，从不骄奢淫逸。可以说，正是这种性格才让他上可以为民请命，下可以全身而退。

第六章　如何增加你的威望

在机关里混，威望至关重要！是否有威望，决定你是否有资格当一个称职的领导。一个不懂得增加自己威望的领导，下属就可能小瞧和轻视他，从而在具体工作中，百事不放心上，肆意推诿，执行力度大大减弱。但是，难道只有领导才需要增加自己的威望吗？错！下属也一样需要！如果你是个毫无威望的机关人员，那么领导一旦需要选拔人才的时候，你就不会在他的考虑之列，这样你就失去了一个晋升的机会。

那么，有哪些有效的方法可以帮机关中的你我提升威望呢？

◆ 用缺席来增加自己的威望

太多的巡回出席会让你掉价！如果你被人们更多地看到和听到，你就显得越普通。如果你已经在一个队伍中建立了自己的地位，暂时退出一下，这会让你成为人们谈论的话题，而且会获得更多的尊重。你必须学会在什么时候应该离开，从畏惧中增加你的价值。

作家海明威谈到自己写作的经验时这样说："我总是试图根据冰山的原理去写它。""冰山在海里移动很是庄严宏伟，这是因为它只有八分之一露出水面。"

虽然机关生存不是写作,但是显露在外面的往往都是小角色,而真正的大角色往往是藏在背后,很少露面。只要露面,就表示他要做或者正在做的事是很重要的。相反,小角色早就露面,为大人物的出场作了一系列的铺垫。

看《三国演义》三顾茅庐一篇,刘备请诸葛亮出山,费了很大一番力气。

徐庶被曹操设计前往许昌,临走之前告诉刘备,南阳的诸葛亮有治世之才。刘备于是准备前往去见诸葛亮,走之前,来了一位"峨冠博带,道貌非常"的人,刘备以为是诸葛亮。报名之后,才知道是司马徽。而后司马徽又对刘备说,诸葛亮"自比管仲、乐毅",而司马徽则称赞诸葛亮"可比兴周八百年之姜子牙、旺汉四百年之张子房"。刘备很是心动。

第二天,刘备叫上关张二人一起前往南阳卧龙岗去见诸葛亮。路上,听闻诸葛亮所作之歌,经路人指引到了诸葛亮的茅屋,自报说:"汉左将军宜城亭侯领豫州牧皇叔刘备,特来拜见先生。"结果,开门的小童子还很傲慢:"我记不得这么多名字。"刘备无奈:"你只说刘备来访。"结果,小童说,"先生出去了。"于是,三人上马返回,路上又遇一人,以为是诸葛亮,结果是诸葛亮之友博陵。这位仁兄和刘备谈了一番从古到今的政事。刘备很是欣赏,希望他效命自己,但博陵无意出世。

回到新野之后，刘备派人探听，得知诸葛亮回来，于是三兄弟又去卧龙岗，路上下雪，三人冒雪前行。结果遇到两人喝酒而歌，刘备问两人谁是诸葛亮。结果才知道都是诸葛亮的朋友。后来刘备又遇到了诸葛亮的老丈人黄承彦和他弟弟诸葛均。最后，无奈还是没有见到诸葛亮，三人又打马回新野。

第三次拜访诸葛亮，虽然诸葛亮没有外出，却在睡觉。刘备和关张二人等了很长时间，诸葛亮才睡醒，问童子："有俗客来否？"童子说是刘皇叔来了。刘备这才见到诸葛亮的真面目——"身长八尺，面如冠玉，头戴纶巾，身披鹤氅，飘飘然有神仙之概"。

接着，隆中对三分天下，诸葛亮出山。

其实，从本意上讲，诸葛亮是准备出山的，前面的一系列噱头，从司马徽到新野，到诸葛亮的老丈人，无一不是"小角色"，这些也都是诸葛亮自己制造出来的。最早的舆论导向，"伏龙、凤雏，两人得一，可安天下！"就有诸葛亮的自我推销。不管是舆论还是声势，无非就是为了让人过来求贤。自己再多次缺席，更是让刘备想要得到这位贤人。

总是实现不了的目标，实现后，才会更加喜悦；而稍稍努力就能实现的，自然不会珍惜。在心理上，隐藏不露往往更给人难求的重视感。这也是为什么和刘备戎马一生的过程中，诸葛亮的才智得以发挥的原因。因为得之不易，所以刘备就更加珍惜，也更加听从诸葛亮的计策。

另外，诸葛亮的隐藏还是一种考验。如果三顾茅庐中，带头的是关张二人，恐怕两人八顾茅庐，诸葛亮也不会接见。而刘备求贤若渴、礼贤下士的明主表现，正是诸葛亮所需要考察出来的。

现代机关的生存现状虽然不像三国时期，但是诸葛亮的"缺席法则"还是值得推荐的。如果你已经在一个队伍中建立了自己的地位，暂时退出一下，这会让你成为人们谈论的话题，而且会获得更多的尊重。你必须学会在什么时候应该离开，从畏惧中增加你的价值，而不是事事躬亲，时时露面。

缺席本身是一种隐藏，作为上级，本身就处于"显露"状态，而下属则处于"隐藏"状态，听到的看到的都是好听好看的。而缺席恰好将下属和上级的"明暗"作了对调。所以缺席并不代表不关注你的下属。而是在缺席的时候，你才会看到下属最真实的态度。一些欺下媚上的人往往在你缺席时更会表现明显。而那些本来对自己忠心的人也就显露出来。你也就明白谁为我所用了。

真正的大人物在处世的时候都是低调的，在很多时候他们不会自己藏起来，而在关键时刻，他们又会高调地登场。他们身上有一种令人震惊、使人折服的霸气，但是他们从来都不会有傲气！

◆ 故意制造神秘气场

每个人天生都具有强大的偷窥欲。为了更好地游刃机关，更多的人都希望自己能够了解和熟悉别人的意图。所以为了保护自己的"底牌"，你可以适当地做出没有任何征兆的行为，或者说出一些没有征兆的语言，让对方恐惧、不知所措。

《三国演义》中的赤壁之战，说诸葛亮和周瑜商定火攻，而后庞统设计连环计，曹操连横战船。本来以为火攻不成问题，但是，一次江风刮过，周瑜这才想到，这个季节只有西风、北风，而没有东风和南风。周瑜心急而病倒。

诸葛亮得知周瑜生病，前去探望，很快就指明病因。周瑜大惊，又多了一层杀害诸葛亮的想法。关于东风之事，诸葛亮对周瑜说："亮虽不才，曾遇异人，传授奇门遁甲天书，可以呼风唤雨。都督若要东南风时，可于南屏山建一台，名曰七星坛。高九尺，作三层，用一百二十人，手执旗幡围绕。亮于台上作法，借三日三夜东南大风。"周瑜说："休道三日三夜，只一夜大风，大事可成矣！只是事在目前，不可迟缓。"然后，诸葛亮把风起风息的时间告诉了周瑜。

周瑜很高兴，给了诸葛亮五百军士到南屏山筑坛。于是诸葛亮开始借东风了。十一月二十日甲子吉辰，诸葛亮沐浴斋戒，披上道衣，跣足散发，到坛上开始作法祭风。到了三更，东南风大起。当周瑜派人前往祭坛杀害诸葛亮时，诸葛亮早已下坛，乘赵云接应的小船去往江夏和刘备会合了。

其实东风不借也会出现，只不过诸葛亮没有告诉周瑜罢了。而诸葛亮也知道周瑜忌惮自己的才智，所以主动提出借东风，为自己设计"死角"——靠近江边，不能逃跑。进而，诸葛亮到南屏山有模有样地借东风，这一切都不过是为了迷惑周瑜而已。当周瑜全力和曹操大战时，也正是诸葛亮逃脱之时。在制造一系列不可预测的气氛后，诸葛亮的底牌——赵云驾小船来了……

孙子说，"知己知彼，百战百胜"。所以在战争中，为了隐瞒自己的意图，军事家都做足了表面的工夫。从中国古代韩信的明修栈道，暗度陈仓，到二战中盟军策划的诺曼底登陆，都是在隐瞒意图中获得的成功。可以说，谁迷惑了对方，找出对方意想不到的底牌，就等于将成功握在了自己的手中。

权力的斗争场也是如此。每个人天生都具有强大的偷窥欲。为了更好地游刃机关，更多的人都希望自己能够了解和熟悉别人的意图。为了保护自己的"底牌"，就要刻意地隐瞒自己的意图。

俗话说："害人之心不可有，防人之心不可无。"在机关中，为了防止别人洞察到你的内心，就要让自己用点"心计"，不要暴露自己的目标和想法。在特定的情况下，用伪装术将自己的真实意图隐藏起来，做出胸无大志的表象来迷惑对方，让对方对你"放心"。只有这样，你才能保全自身的势力，最终达到成功的目的。否则，会常常被人暗中算计陷害。

当然，权力场不是军事战场，所以隐瞒意图也更隐晦。一个向对方笑着的人，可能心里早就对其恨之入骨，而怒目相向也可能是为了对方好。对于你而言，如果你不想让下属或同事了解你的意图，可以适当地做出没有任何征兆的行为，或者说出一些没有征兆的语言，这样，他就会害怕而不知所措，再也不敢窥视你的内心了。

◆ 犯错之后，如何维护自己的尊严

犯错，马上认错的是科员；
犯错，保持沉默的是科长；
犯错，能找到理由的是副处长；
犯错，不认错的是正处长；
犯错，众人还说没错的是"一把手"。

一个人，不管身居庙堂，还是蜗居民间，总难免有做错事的时候。要想让别人原谅你犯下的错误，就要学会道歉。不过也存在一种奇怪的现象，很多人明知道自己犯错了，却总是极力辩解，总会给自己找理由不道歉。而且官位越高者，认错的机会也越少，因为他们认为，向比自己职位低的人道歉，这有失自己的面子和尊严。

春秋时期的晋灵公荒淫无道。他喜欢养狗就选了一块地，修建狗圈专门养狗，还让人给狗穿上绣花衣，吃本来属于大夫们吃的肉。为了保护狗，他下令国人，"谁要是触犯了他的狗，就砍掉他的脚！"结果闹得整个晋国的人见到狗都躲得远远的。

晋灵公的宠臣屠岸贾看准这个时机，就把狗放到集市上。人们纷纷躲避，群狗肆意地吃集市上的猪牛羊肉。不久，屠岸贾训练狗吃饱后就拖走，而所有的肉都被他收起。更过分的是，如果大臣和他政治观点不符,屠岸贾就让晋灵公的狗阻拦他进谏。

另一方面,晋灵公也讨厌臣子进谏批评自己。一次,晋灵公因为熊掌没炖烂就把厨师杀掉了。大臣士季和赵盾看到露出的人手,了解了缘由,就去向晋灵公进谏。士季跑到晋灵公那里,向前走了三次,晋灵公才对他说:"我知道错了,我会改。"士季以为晋灵公真的认识到错误了,还很高兴地教育君王:"人谁无过,过而能改,善莫大焉。"

但是,晋灵公并没有改,于是,赵盾在士季之后接着多次进谏。结果,引起了晋灵公的反感,就暗中派刺客刺杀赵盾。赵盾无奈逃亡了。

有句话说:"自古君王不认错。"因为君王做错,下属劝谏而被诛杀的人不在少数。从商纣王朝的比干挖心,到夫差赐死伍子胥。古往今来,因为皇帝昏庸而使得下级被冤而死的人何止千万。

权力越大,使用权力的优越感就越大,自我意识就越强烈,责任也就越大。自然,在认错方面,权力越大的人更加不愿意认错。在权力至上者看来,认错就意味着权力使用范围的降低,意味着自己的面子被人揭,更重要的是,自己的责任没有担当起来,而这就是失职。所以即使心里知道是错的,也不愿意认错。在古代,失职就意味着被贬,甚至杀头;而在现代,失职也意味着与重用远离。

相反,权力越小,认错的概率也就越大。小职员认错,是表示对上级的批评表示认可,是对上级的顺从。当然,只有改正自己,才能更被上级接受，所以官越小，认错的态度也就越诚恳、越及时。

有这样一个小笑话：

犯错，马上认错的是科员；

犯错，保持沉默的是科长；

犯错，能找到理由的是副处长；

犯错，不认错的是正处长；

犯错，众人还说没错的是"一把手"。

由此，随着职位的升高，错误也就越来越"少"。而"一把手"就更少了。当然，他不是不犯错，而是能够批评他的人少了。一般来说，敢于对现任老大说他做错了的，大多都是有较高地位的，并且自认为被一把手所信任，不必害怕自己因"进谏"而"被贬"。

对于众多下属来说，却是此时不敢说他错了。他们也有说一把手错了的时候，这往往出现在"一把手"落马的时候。原来的荣誉瞬间都被推翻，而曾经做错的事情，就像河底的石头一一被搬上来。所以总有人说，"墙倒众人推"。原因是原来根本没人敢推。随着错误增加，根基摇晃，中间腐烂，结果，一个错误就像一条导火线，一触即发。

上文中的晋灵公最终也是激起众怒而被杀。逃跑后的赵盾在逃亡他国的途中，遇到了自己的同族兄弟赵穿。赵穿听到兄长处心积虑为晋王做事，却落得逃亡的下场后很是气愤。于是经过谋划，先将晋灵公的宠臣屠岸贾杀死，之后又将晋灵公刺杀。公元前607年，晋国的一把手死了。赵盾听到晋灵公被杀时，此时他还没逃出晋国，于是赶紧往回返，并派赵穿迎接了公子黑臀，即晋成公。

作为机关中人，无论你官职再大，都不可以在自己犯错后讳疾忌医，而是要学会知错认错，有错纠错。否则，作为领导，如果总是有错不认，知错不改，甚至一错再错，就会降低自己的威望，得不到下属的认同和支持，甚至被众人抛弃。所以说学会认错、有错必纠，是每一个机关人必须具备的修养和素质。

可以说，没有改正的错误就像地雷，不知道什么时候会爆炸。一旦爆发，就会影响你的仕途发展，甚至会让你的前程一败涂地！

◆ 想晋升，先搞定大领导

众人觉得此人应该上位、被提拔，这个人一般不会被提拔；只有一把手认为此人应该被提拔，此人才能上位、被提拔。

想要获得提拔，领导的意见是至关重要的。你的上面可能有很多领导，但是你要认清谁是你的领导，否则你的能力再强，认错了领导还可能被贬。

岳飞以少胜多大破朱仙镇后，已经离故都汴京近在咫尺。但是，此时宋高宗却用十二块金牌（军事上最紧急的命令才会使用金牌）将岳飞召回。一个月之后，宋高宗削去岳飞的军权，又过了一个月，岳飞被秦桧以"莫须有"的罪名定罪，被杀。现在，我们要问一下为什么。

很多人以为是秦桧害了岳飞。但是忠良被害，从本质上看，是宋高宗的问题。如果没有宋高宗的首肯，就算秦桧再猖狂，也没有能力杀掉岳飞。因为当时的岳飞手中有十万岳家军，秦桧就算是文臣之首也是无可奈何。可以说，岳飞是被宋高宗所杀的。

现在的问题是，为什么宋高宗要杀岳飞？甚至启用了十二道加急金牌！很简单，岳飞触到了宋高宗的底线。

其一，迎接二帝，宋高宗做什么？

岳飞主战不仅仅是收复山河，还有迎接二帝。二帝如果真被岳飞接回来，宋高宗还能坐皇帝？！自古一朝天子一朝臣，岳飞非要在新朝廷里念着旧天子。对皇帝而言，效忠自己和效忠国家是不同的，而岳飞恰恰忘记了这点。

可想而知，不为自己办事的属下，哪个上级会喜欢呢？即使他做的于民于国都是好的。在宋高宗看来，岳飞即使收复山河，那也只是二帝的山河，又不是自己的山河！所以岳飞被杀，从根本上说是他认错了上级，他眼里的上级是二帝，而不是宋高宗。

虽然同是带兵领将的南宋大帅，同样是大破金军，但是韩世忠却没有被诛杀，反而得到了重用。因为后者是以宋高宗为上级的。

对于领导而言，你做得再好，如果不是为他办事，就没有什么值得表扬的。《三国演义》中周瑜一心想要杀掉诸葛亮，最主要的原因不是因为嫉妒，而是因为这个人不为自己所用。所以他才会产生杀意。

其二，宋高宗的意见是主和。

宋高宗从本质上是不愿意继续战争的，而是和秦桧一样的主和派。相反，岳飞却是主战派。作为武将不能上前线杀敌是很大的不幸，况且又是一个军事才能很高的武将。

但是南宋第一大领导是主和的，再优秀的武将也只能被放在一边等待衰老。岳飞却不愿意，非但坚持抗战，还训练了骁勇善战的岳家军！政意不和，造成了宋高宗对岳飞的不满，但是民心希望收复山河，所以宋高宗只好把岳飞北伐的怒气忍下。

不管做什么，上级的意见都是最重要的。和上级的意见不符，还对着干，下场自然不好。

其三，岳家军的存在是皇帝头上的一把剑。

岳家军不是朝廷的军队，而是岳大帅的军队，他们不服从朝廷宋高宗的命令，而是服从岳飞的命令。而今岳家军的主帅却要宋高宗的十二道金牌才能召回！这样一个不服管教的上级和骁勇善战、深得民心的军队，自然让宋高宗忌惮。

精忠报国又能怎么样呢？失去了上级的认可，越大的功勋就意味着越大的诛杀理由。况且这个下级的能力、权势以及民间舆论导向已经和宋高宗比肩，被杀也就自然而然了。

当然，认错了上级的下属也是痛苦的，因为上级不会给予你对任何工作的支持。所以当岳飞在前线打仗时，后面就有十二道加急金牌的召回！想要收复山河的岳帅自然很不情愿，但目前不是二帝的大宋，而是宋高宗的大宋，脱离了宋高宗的认可，岳家军就会成为匪盗，而岳飞的征战就成了造反。作为一代忠良，怎么可能让自己和军队落入此种境地？！所以无奈之下，岳飞只好回朝面圣。

从某种意义上来说，领导就是爹，领导就是娘，领导就是天王老子，领导决定你的荣辱、你的祸福、你的升降，甚至决定着你的生死存亡。所以说在任何时候，领导都是万万反对不得的，更不能和领导对着干。

总而言之，在机关里生存，你一定要看清领导是谁，再决定自己怎么做。领导的意见是很重要的，如果在某个时刻，领导处于水火之中，你却让领导忍着服从你的意见，等到领导熬过了危机，你就是第一个被诛杀的对象。

◆ 机关承诺可以听，但不可迷信

机关事态瞬间万变，上一个承诺还来不及实现，领导就可能外调或者倒台，同事可能踩着你的肩膀上位。所以承诺可以听听，但不可迷信。有承诺，总比没有好，但不要因为承诺，影响自己的判断。

某职员35岁，职位为办公室主任。因为多年未经提升，以为自己会在这个位置上干到退休。不料，因为某次不错的汇报，省里竟有人递上橄榄枝，对方说，只要他的顶头上司放人，就可以上调。

职员很高兴，回到单位和书记汇报，书记问："不支持我工作了？"职员赶紧解释。书记说道："虽然省里是大衙门，但水却更深。

你这人本身搞科研不错,但是到那里去恐怕会不适应,并且初到省里,你还是像现在一样写材料。很多工作还得从头做起,一晃几年,你觉得有意义吗?这样吧,你真心跟着我干,不出两年,就能提拔你,听我的话,还是安心下来好好工作!"

职员听了书记的承诺就回绝了省里的好意,继续跟着书记干。没想到过了一年,书记和政府的主要领导起了矛盾,被拿下外调了。结果,书记的承诺全都泡汤了。而年纪已大的办公室主任再也没有遇到过省里递来的橄榄枝。

机关事态瞬息万变,上一个承诺还来不及实现,领导就可能外调或者倒台,同事可能踩着你的肩膀上位。所以承诺可以听听,但不可迷信。有承诺,总比没有好,但不要因为承诺,影响自己的判断。

从本质上讲,承诺是上级驭人的手段。作为上位者,需要下位者为自己服务,在自己用人的时候有可用之人。尤其当下属比较优秀,或者上位者急缺人手的时候,下位者有离开的意愿,上位者就会进行挽留。提拔就自然而然地搬上了台面。所以承诺可信,但不可全信,它是上司的一种意图,并不代表一定会实现。

曹操在率众讨伐张角的时候,天气很热,大军行走了很长时间后,军士都口渴异常,甚至有体质虚弱的士兵晕倒了。曹操看到部队行军越来越慢,担心贻误战机,便问身边的向导:"附近可有水源?"向导说,水源还在很远的地方。

曹操想了一下，时间可能来不及，于是纵马走到队伍前面，用鞭指着前方说："离此不远，绕过山丘，前面有一大片梅林！"士兵听到这个消息，精神大振，加快了步伐。虽然前面没有水源，但是因为嘴里有了唾液，干渴已经稍减，最终才坚持走到了有水源的地方。

这就是望梅止渴的典故。曹操很聪明，知道士兵需要什么，于是就给了他们相应的许诺，以支持士兵加快步伐，完成自己的军事计划。这就是上级对待下属的承诺，用计划或者利益来驱动。

如果士兵因为口渴而贻误战机，恐怕已经不是喝水的问题了，而是逃命的问题，所以对曹操来说，承诺虽是假的，但是起到了积极的作用。当然，战争胜利，士兵得到的就不仅仅是杨梅了，而是更多的犒赏。

不过，承诺不是打白条，下级要想上级实现承诺，就必须拥有下面两个条件。

能力是实现承诺的基本要素

对于上位者来说，不管前面的承诺是否实现，只要达到自己暂时的目的就可以了。当然，也只有自己的目的实现，上位者才能够实现下属的承诺。如果是一个自身难保的上级，又何谈实现自己的承诺呢？失败者从来都是没有发言权的。所以从某种程度上说，上位者的能力是实现承诺的关键。

上面的书记正是因为能力不够才被排挤出去的。自然，他也就无法实现自己的承诺了。所以在权谋的争斗中，想要自己能够提升，就要跟对人。一个有前途的上级，才能带出有前途的下属。

同事的承诺与此也相似，能力不够，同事的承诺比上级还要难以实现。

人品是承诺实现的又一要素

看看你的上级和同事是不是重承诺的人。如果他有过不实现承诺的历史，就不要把过多的希望放在他身上。要作多手准备，以防上级或者同事翻脸不认人，得到利益后，却把自己关在门外。

也许你是个心地质朴的老实人，相信领导对你说过的每一句话，或者相信领导曾经话里话外给你提拔的暗示，但是你必须要作好什么都得不到的心理准备。不要相信领导曾经许诺给你什么，而是要看他已经给了你什么。在自己的内心衡量一下，然后再决定是继续跟着这个领导干下去，还是另攀高枝。不管怎么说，机关具有太大的不确定性，承诺可以是一种希望，但是都要作好另一手准备，千万不能把宝压在一个人身上。

◆ 不要等爬到顶端才发现梯子架错了

当一个人拼命向上爬的时候，到了某个职位，却往往发现这个位置并不适合自己，因此停滞在机关的"天花板"上，上不去，也下不来。

所以找一个适合自己的目标，不要等爬到梯子的顶端，却发现梯子架错了。

2010年4月28日，戈登·布朗到曼彻斯特区为民进党拉票，并和一位支持工党的退休女选民达菲进行了交谈。临别时，布朗和达菲握手告别，对女选民表示感谢。但是，当布朗坐进专车，准备继续拉选票时，却开始抱怨起和达菲的交谈。最后还余怒未消地说："她就是那种偏执的女人，还说她过去是工党成员，简直可笑！"

不幸的是，布朗身上还带有无线麦克风，这些话一经转播，数小时后就引起了轩然大波。虽然布朗向达菲负荆请罪，但是工党竞选首相仍是以失败而告终。在2010年8月的《每日邮报》上，这位前首相被英国历史学家评为战后第三差首相。

其实在首相之前，布朗曾担任英国财长。从1997到2007年的十年中，他曾使得英国经济欣欣向荣。后来，2008年，布朗推出的政府注资银行的救市方案，很快就被欧洲国家相继效仿。甚至当时的美国财长保尔森也迫于他的压力，推出了相似的救市方案。这次成功的方案，使得布朗成为拯救西方经济的白金武士。

在经济上，布朗独领风骚，但是他本身却欠缺亲和力，而且脾气暴躁，这并不能使他胜任首相一职。因为首相和财长需要的是不同的素质。个人情商较低的布朗，很难聚集团队士气，再加上个人独断，不听取他人意见，自然就不能调动属下的能力。结果在大选中恶劣的背后语言，成为他彻底败落的通道，曾经辉煌一时的白金武士被人纷纷诟病。

有评论说："他把唐宁街10号的大门钥匙拿到手之日，也就是他走政治下坡路的开始。"的确，成为首相是从财长向上的提升，但是，这份不合适的职位却使他自取其辱。

其实很多人在不断的政坛攀升过程中，都可能遭遇类似的问题。对此管理学家劳伦斯·彼得这样归纳："在一个等级制度中，每个职工趋向于上升到他所不能胜任的地位。"

总会发现在一个人拼命向上爬的时候，到了某个职位，却往往发现这个位置并不适合自己，因此停滞在机关的"天花板"上，上不去，也下不来。

其实这本质上是个人的欲望和野心，褒义为理想，和个人本身能力的冲突。当一个人不断地完成任务，不断地胜任更高一级的职位时，就会获得不断地认可和提拔，不断地追求更高的职位，直到攀升到无法胜任的职位，停滞不前，甚至因此毁掉仕途。

说起明朝的才子解缙，可能很多人都不熟悉，但是一提到他编著的《永乐大典》，就让人感觉不陌生了。朱棣即位后，想编一部最大最全的书，于是他给解缙派了极其庞大的编书团队。这部书收集了从秦朝开始可以收集到的所有书籍，并分类抄写，为后来的历史研究提供了宝贵的历史资料。解缙成功地完成了朱棣的一大心愿，所以变成了朱棣身边的宠臣。

然而解缙终究是个读书人，他只擅长编书之类的工作，但并不懂政治。在成为宠臣后没几年，解缙就被朱棣赶到了偏远的广西。在他47岁时，有一次喝醉了，被锦衣卫头子扔到了雪地里。

解缙的故事告诉我们：一个人不要做自己不擅长的工作，不要扮演自己不擅长的角色。虽然现代社会不会发生解缙那样的悲剧，但是，我们仍然可以看到，各行各业都会有很多有才华的失败者，这并不是因为他们的能力不够，而是因为他们没有做自己擅长的工作。

其实，与其在不适合自己的目标和位置上摔跟头，还不如在自己原来的位置上，做自己擅长的事。千万不要等爬到梯子的顶端，却发现梯子架错了。到了机关的"天花板"上，不上不下，会尴尬至极。

这里的能力不仅仅是胜任某项职位的能力，还包括自己的心智是否可以保全自己的能力和业绩。机关奋斗需要"才干"，还需要保障"才干"的心智，即权谋。

《史记·淮阴侯列传》讲述了刘邦和韩信带兵一事：

刘邦召见韩信，很从容地问他各位将军带兵的本领，韩信说，各位将军带兵数目不一。刘邦又问韩信："你看我能带多少？"韩信说："陛下不过能带十万兵士。"刘邦有些不高兴，问道："那你能带多少？"韩信答道："臣自然多多益善。"刘邦冷笑道："多多益善？那你为什么还在我手下？"韩信答道："信善带兵，陛下善于统领大将。"

韩信对自己和刘邦认识得很清楚，论带兵他要远胜刘邦，论权谋，就要差刘邦很多。当韩信的下属希望韩信造反自立为王时，韩信犹豫不决。不过，"造反"的帽子如果扣在头上，韩信被杀就是早晚的事了。

为将，建功立业从来都是正常的。但是韩信忘记了自己的锋芒会使得刘邦忌惮。当他想掩藏锋芒的时候，已经晚了。而此时想去造反，自己的兵权已经被刘邦所封，被贬为淮阴侯，还拿什么实力和刘邦斗呢？梯子搭上去，没有看清目标是什么，就再也爬不下来了，结果连自己的性命也摔掉了。

所以如果你的权谋不足以收敛自己的锋芒，那么，就不要给自己搭过高的梯子。总是有些才华横溢的人被人利用，进而被人舍弃，不是因为他不聪明，反而是因为他聪明过头，却又缺少保全自我的手段。

◆ 机关读心术——3秒钟看穿人心

问之以是非而观其志；穷之以辞辩而观其变；咨之以计谋而观其识；告之以祸难而观其勇；醉之以酒而观其性；临之以利而观其廉；期之以事而观其信。

——诸葛亮

清末，曾国藩曾经提拔了不少人，在很短的时间内就为自己网罗了大批人才，如李鸿章、李瀚章、左宗棠、郭嵩焘、彭玉麟、沈葆桢、江忠源等都是他一手提拔起来的。可以说，正是精准的识人，曾国藩才有了雄厚的政治资本。

这是曾国藩识人的一个小故事：

某天，李鸿章带来三个人，请曾国藩任命。当时，恰好曾国藩吃完饭，正去散步。于是，三个人就在厅堂等候曾国藩散步回来。

不久，曾国藩散步回来，李鸿章请他接见这三个人。

曾国藩说："不必了，三个人我散步的时候都看到了，已经有了具体的安排：

"第一个人，一直规规矩矩地站在院子里，是个忠厚的人，可以给他保守的工作。

"第二个人，一直在观察室内摆设，希望了解我的嗜好。而等了一段时间，就牢骚一堆。这种人大多是曲意逢迎、阳奉阴违、两面三刀之辈。我在的时候恭恭敬敬，刚一转身，恭敬就消失了，不宜重用。

"第三个人，可委以重任。这个人在我散步期间，不急不躁，不卑不亢，有大将风范，以后他的成就不在你我之下。不过，这个人刚正不阿，仕途会受阻。"

果然不出所料，第一位、第二位按照曾国藩的分析，在机关行事。而第三位则是大将刘铭传。他晚年率领台湾军民，重创法国入侵者，成为台湾第一位巡抚，从此名扬海外。但是，因为小人中伤，刘铭传黯然离台。

识人，要多观察

美国心理学家乔艾琳·狄米曲斯说："我个人的经验告诉我，识人既不是科学，也不算天分。它侧重的是，知道该去看些什么？听些什么？具有好奇心及耐心去收集重要的资讯，并且从一个人的外貌、肢体语言、声音和行为上归纳出他的模式。"

即使一个眼神、一句话、一个转身，城府深的人就能看出对方的心理变化。在机关中，察言观色是用人做事的重要前提。曾国藩之所以能够透彻地分析出三个人的区别，根源就是他细致入微的观察。

不仅观察对方的表情，还观察对方的行事态度。每个细节都可以体现出一个人的内心和品格。在人前，人们往往都会以对方为出发点来掩饰自己的情绪；但是在人后，各种态度和情绪就会暴露无遗。在机关中，善于观察的人，从来不会听对方说什么，而是去看，看对方做什么，表情如何。

关于识人用人，《史记·陈丞相世家》中有如此记载：陈平，阳武（今河南省阳武县）人。家境清贫，好读书，初事魏咎，继事项羽，后归汉。他通过魏无知推荐得见刘邦。刘邦跟他谈话，见他有才智很高兴，问："子之居楚何官？"陈平答："为都尉。"当天，刘邦就任陈平为都尉，使为参乘，典护军。诸将知道这件事之后都为之哗然，说："大王一日得楚之亡卒，未知其高下，而即与同载，反使监护军长者。"刘邦听了，更加厚待陈平。

一段时间之后，大将周勃、灌婴等人都对陈平意见颇多，认为刘邦如此信任重用陈平是不妥当的，于是在刘邦面前诋毁陈平说："平虽美丈夫，如冠玉耳，其中未必有也。臣闻平居家时，盗其嫂；事魏不容，亡归楚；归楚不中，又亡归汉。今日大王尊官之，令护军。臣闻平受诸将金，金多者得善处，金少者得恶处。平，反覆乱臣也，愿王察之。"

刘邦听了这些人的话之后，也开始对陈平起了疑心，于是叫来魏无知，责备他为何推荐陈平这样的人。魏无知说："臣听言者，能也；陛下所问者，行也。今有尾生、孝已之行而无益处于胜负之数，陛下何暇用之乎？楚汉相拒，臣进奇谋之士，顾其计诚足利国家不耳。且盗嫂受金又何足疑乎？"之后，刘邦也叫来陈平，并责备他说："先生事魏不中，遂事楚而去，今又以吾游，信固多心乎？"陈平答道："臣事魏王，魏王不能用臣说，故去事项王。项王不能信人，其所任爱，非诸项即妻昆弟，虽有奇士不能用，平乃去楚。闻汉王之能用人，故归之大王。臣裸身来，不受金无以为资，诚臣画有可中者，愿大王用之，使无可用者，金具在，请封输官，得请骸骨。"刘邦见陈平说得有道理，于是向陈平道歉，并对他厚加赏赐，擢升为护军中尉，监察全体官兵。从此，诸将不敢再诋毁陈平。

刘邦如此重用陈平，足见他确是善于知人和用人。而陈平也确实是个奇才，后来刘邦战胜项羽，能够在危难之时转危为安，以及刘氏政权不被吕氏所夺，陈平所出的计策都起到了决定性的作用。

识人，可以从各个方面考察

在识人上，诸葛亮有识人七法，分别从"志""变""识""勇""性""廉""信"七个方面来考察一个人。

问之以是非而观其志——从大是大非看一个人的志向，这可以看出一个人的立场、信念。

穷之以辞辩而观其变——用一些突发的问题去考察一个人的应

变能力。

咨之以计谋而观其识——在某些领域中，考察对方的学识，看看他是否具有这方面的能力。

告之以祸难而观其勇——为他设置一个逆境，看看他的勇气如何。一个遇事畏缩不前的人是不可能成就大事的。

醉之以酒而观其性——"酒后吐真言"。很多人都善于掩饰，而酒后就成为考察其灵魂的时机。

临之以利而观其廉——投其所好，用小恩小惠引诱对方，看看他是否经得起引诱。

期之以事而观其信——与对方约定事件，看看对方是不是讲信用。小事上不讲信用，大事上往往也会脚底抹油，不会认真去办。

识人只有从各个方面考虑后，才能知道这个人最适合做什么。也才能知道，什么话可以对他说，什么事情可以安排给他。不至于因为考察不详而出现用人失误。

时间是最好的识人器——路遥知马力，日久见人心

不管一个人自己当时认定是好是坏，都是需要时间来验证的。在机关中，有些人潜水很深，只有时间长了，才能看出是不是自己要找的人。

总之，一个人不是一天两天就能认清的。在机关中，人心往往更是难测，陷阱往往出现在自己不经意的地方。所以当你还没有认清一个人的时候，就不要轻易相信。否则即使自己去任命、亲密，也只能遭受损失。

◆ 同学会跟你玩阴的，再好的朋友也会成敌人

交一个朋友，需要用千言万语打破对方的戒心，从而赢得对方的信任。

相反，原来说说笑笑的朋友，如果利益当头，只要说上三言两语，就会翻脸断交。

机关是个最典型的名利场，每一个人的职位关系到权力，而权力又关系到自己的利益和前途。所以在机关里，人与人之间的关系是非常微妙的，平日里好像极少有言语上的冲突，但暗地里却各自使出了平生的能耐，踩着同事往上爬。原来的同窗或者好友，在机关中共事数年，便成了敌人，甚至不惜置对方于死地，这时根本不会顾及你们昔日的感情。

所以说，经常害你的人往往是你最好的朋友，因为那个人最了解你，熟悉你的软肋，而且是你最不会防备的人！

战国时期，孙膑和庞涓都是鬼谷子的学生，他们二人是同窗又是结拜兄弟。但后来，为了机关利益，两个人的关系却从最初的结拜兄弟变成了一对仇敌，最后一死一伤。

他们的机关历程是这样的，刚开始，庞涓辅佐魏惠王，北拔邯郸，西围定阳，很快得到宠信。春风得意的庞涓害怕孙膑辅佐他国，削弱自己的地位。所以他将孙膑接到魏国，诱之以高官厚禄，后来又设计挖掉他的膝盖。不得已，孙膑求助齐国使者，装疯逃出庞涓的魔爪。为了报仇，孙膑设计，导演了马陵之战，计杀庞涓。

同样是为了机关利益，原为同窗好友的苏秦和张仪也变成了一

对死敌。苏秦为了避免秦国攻打赵国，提出连横计划，联合六国共同对付秦国。而他的同学张仪先生开始干什么了呢？他不跟苏秦一起合伙干，而是对着干。他帮助秦王搞合纵计划，专门破坏苏秦的事业。想一想，这些所谓的同窗好友的所作所为真叫人心惊胆战啊！

撇开权力和利益之前，四个人都是和谐的同窗，但是因为利益却两极分化。不是因为他们四人心胸狭窄，而是当时的时局所致。如果孙膑和庞涓的位置对调，可能会作出相同的选择，说不定手段更狠毒。

机关内部是一种权力的争夺，再好的朋友只要权力冲突，都会成为敌人。这就是机关中不见硝烟的战斗。在机关内，成为朋友和敌人，前提很大程度上决定的是利益。不论何时，双赢状态是每个人所希望的。

第一，在机关中，一个人背后站着一群人。得罪一个人就可能得罪这个人背后的一群人，不知道自己什么时候会成为对方的刀下鬼。相反，如果自己的利益和对方捆绑起来，在对方大展宏图的时候，自己也就取得了相应的利益。并且和对方成为好友，对方背后的一群人，也都可能为自己所用。

第二，机关不是江湖，交朋友是困难的。圈外找个朋友远远要比圈内简单。但是政治场合中就没有这么容易，交友本身就意味着站队。所以很多时候，自己在欣赏对方的同时却也可能因为政治意见不合，置对方于死地。比如，苏轼之于司马光。

总体来说，如果你成为某个人的敌人或友人，那么，最先分析的是两个人的利益和派别，而不是曾经的感情。只有这样，才能找到突破点化敌为友，或是共图双赢格局。

◆ 在机关中，牢骚话不能随便说

在机关中，牢骚话不能随便说。
如果不满，可以把握这样的原则：说古不说今，说外不说中，说远不说近。

清末民初学者徐珂编撰的《清稗类钞》一书中讲了这样一件事：

纪晓岚身体很胖，一到夏天就会热得汗流浃背，衣衫尽湿。一段时间，纪晓岚要到南书房值班，值班期间，每次出去都会到大臣休息处（时称直庐）脱光衣服，赤裸上身乘凉，然后过很长时间后再出来值班。

乾隆从太监口中知道这个情况后，一日兴起，准备去戏弄一下纪晓岚。当乾隆带着两个侍从走过来的时候，聊侃的大臣们都看到了，赶紧把衣服穿好。但是纪晓岚近视，直到乾隆快到跟前了才看到，仓皇之间，就躲在乾隆的座位下。乾隆坐了两个小时，纪晓岚在底下热得难耐，就冒出一句牢骚话："老头子走了吗？"乾隆和大臣都笑了。

转脸，乾隆就冷声说道："纪晓岚很是无礼！怎么说出这种轻薄的话？！说不出所以然，就留下你的脑袋！"纪晓岚拜倒在地："臣没有穿衣服。"乾隆让纪晓岚穿好衣服，厉声道："老头子到底怎么解释?!"纪晓岚再次拜倒说:"万寿无疆之为老,顶天立地之为头,父天母地之为子。"乾隆这才高兴起来。

纪晓岚很聪明,靠着口舌之灵躲过了乾隆的厉声问话。否则,乾隆就会治纪晓岚的不敬之罪。另外一方面,纪晓岚还是个人才,乾隆帝虽然下了命令,但并不是真心想杀掉他。虽如此,也难免皮肉之苦。

所以不是每个人都会这么幸运,将说出的忌讳话还能圆上。也不是每个上级都欣赏下属,可以宽宏大量。因为多言,一不小心就可能丢掉小命。在和别人聊天发牢骚的时候,说话要有所忌讳。否则,就会"上级很生气,后果很严重"。

当然,大家都是凡人,在工作或者生活中总会遇到不顺心的事,难免会发几句牢骚。偶尔发个牢骚也无伤大雅,大家也不会凭几句牢骚话就怀疑你的思想有问题。但是,假如你一开口就是满嘴牢骚,总觉得别人对不起你,社会亏待了你,看谁都不顺眼,对什么都不满意,那就另当别论了。

比如,报纸上报道某贪官落马,你最好的方式就是选择缄默。如果大放厥词,口无遮拦地抨击,一些人就会以为你在指桑骂槐、含沙射影。在你说出不满的时候,其实就已经表明了你的态度。听到的人,一种是支持你,一种则是反对你,当然还有一些聪明人孤立你。无形之中,你就成了"出头的牢骚鸟",没有任何人帮助你。毕竟人们总是愿意自保,而在无形之中,就把某些人推出去挡子弹了。就像上面的纪晓岚和大臣们聊天，虽然别人早就看到了皇帝驾到，但是却没有一个人告诉纪晓岚，从而让他成为乾隆视线的"出头鸟"，而自己就免受皇帝的责问。

俗话说：牢骚太盛防肠断。一个人假如整日里牢骚满腹，必然精神不振，影响工作；成天怪话连篇也必然影响同事间的团结，这不但对己无益，反而对人有害。在机关做事，一定要少说话，一些忌讳的话题能不说就不说。

总之，在机关中，自保第一。所以一些忌讳的话题、恶言恶语的牢骚话，都不能随便说。如果不满，可以把握这样的原则：说古不说今，说外不说中，说远不说近。比如，议论克林顿，要远远比议论自己的上司安全得多。

第七章　机关高手都是"演技派大师"

在机关中，你看到的好人，其实他可能坏透了；你看到的"坏人"，未必就有那么"坏"，有可能是被"演员"们联合造势给冤枉的。因为很多机关人员都善于表演，而你也必须修炼你的演技！但是，我们始终要有一个基本的道德底线。

◆ 在机关混，必须擅长表演之道

政客们都是好演员，他们一是装廉洁，二是装能干，三是装高尚。最后落马才发现，脸上挂的不过是面具。

不管古代还是现代，不管中国还是外国，凡是在机关混的老手，都擅长表演之道。

真正牛气的机关大人物都是顶尖的影帝！

先说古代，任何一个朝代的皇帝都会上演亲民秀，例如祭天，祈求风调雨顺。再如，清朝不少皇帝有时会把自己扮演成农夫、樵夫、渔翁，亲近一下山水。所以说，每一个机关高手都是一个"演技派大师"。如果你也想成为高手，第一步就是先修炼你的演技。

难道只有中国是如此吗？难道只有中国人爱玩这些伎俩吗？如果你这样想，就大错特错了！外国机关人比中国人还擅长这种手段！比如美国总统奥巴马，这是一名具有顶尖表演天赋的政治家，他不仅具有一流的演技，而且更具有演说的特殊才能。所以在竞选中获得了大量粉丝，一举成功。有人说，小布什是牛仔风格的本色演员，奥巴马是演技派演员，他们都只对衣食父母——美国的观众负责。这话说得很有道理。

即使是如此高超的政治演员，也会遇到不情愿表演或发挥欠佳的时候。

2008年6月27日，美国奥巴马和竞选对手希拉里在新罕布什尔州的团结镇举行了联合竞选活动，二人高调并肩亮相作亲密状。其实，这是一场政治秀，目的是向美国观众表明，他们之间从此将化敌为友，不再是竞选对手，而将是一对亲密无间的合作伙伴。但英国《每日邮报》刻薄批评他们作秀，称奥巴马拥吻希拉里像是在被迫去吻一位老阿姨，让人想起查尔斯王子在他和戴安娜王妃婚姻快破裂时貌合神离的亲吻情景。那么，希拉里的演技又如何呢？报道中说，当希拉里在团结镇的集会上介绍奥巴马"将会成为美国下届总统"后，希拉里做出的亲密动作也很笨拙，她心不甘情不愿地拍着奥巴马的肩膀，二人却保持着相当远的距离。希拉里给眼睛雪亮的群众留下了这样一个印象，当她笑容可掬介绍奥巴马时，内心分明就在呐喊："站在这个位置上的人本来是我才对！"

实际上，政客们谁不是在表演，谁不是在骗老百姓呢？无论你选择哪一个政党，最后结果都一样。区别只在于，有的演技老练，有的蹩脚。

机关中的演员定律告诉我们：你看到的好人，其实他可能坏透了；你看到的"坏人"，未必就有那么"坏"，有可能是被"演员"们联合造势给冤枉的。因为很多机关人员都善于表演，那么，机关人员都是如何表演的呢？

装廉洁

问题没发现时，铺天盖地都是他多么清廉的声音，信誓旦旦地要跟某些机关人员划清界限，这里讲，那里讲，慷慨激昂，通过媒体塑造和美化自己，好像机关上就他一个清廉领导，让人深信不疑。但是突然有一天，你就从新闻上看到他出事了。原来的"清廉人士"，现在摇身一变，成了大贪巨贪。不得不说，许多机关高手的表演天分都是很高的。问题不曾暴露时，因为他们高超的演技，还边贪边升，越贪越升，长期潜伏。

比如福建原工商局局长周金伙，贪了上亿元，同事和上级没发现，案发后他还能从容跑到境外去。这就是表演的功夫，瞒过了许多人，甚至包括监管机构。还有更甚的，自称"荆楚第一帅才"的张二江，他的演技更高，一边腐败，一边还请知名杂志给自己写赞歌。1997年，他弄了一篇《张二江：十年鏖战丹江口》的报告文学，洋洋万言，全是夸自己，其中还编了一首所谓的"民谣"："丹江口出了个张二江，家家户户粮满仓。就是碰上鸡猴年，也能吃个肚儿圆。"

结果，出事了才发现，他数据造假到了什么程度，丹江口市2000年国内生产总值、财政收入仅相当于1995年的水平。这样的演技，实在是太可怕，对国家的危害太大了！

装能干

肚里一点货没有，嘴上却牛皮吹破天。这是不少机关人员的常用伎俩。明明胜任不了的职位，他硬是靠伪装、吹牛把自己打扮成工作能力很强的样子，去占那个位置，坐住那张椅子。至于能否在其位，谋其政，那就另说了，反正先表演一下，取得领导的信任再说。

明代有个机关人员，仗着自己是魏忠贤的心腹，就曾在皇帝面前装了一把。魏忠贤提前把皇帝要出的题目透露给他，然后第二天在皇帝面前应答如流，好一副国之栋梁的样子。皇帝深为感动，觉得他是个人才，委任他去江南掌管税收。直到魏忠贤倒台，这人才被撤职查办。此时，他已经在任七八年，把江南祸害得不成样子，自己的腰包算是鼓起来了，置了上千亩良田。庸才如果会伪装，那真可谓是祸国殃民。

装高尚

都说戏如人生，人生如戏，最难装的就是道学先生。张国荣演了一辈子戏，最后自己入戏了。而很多机关人员演到最后，明明道德败坏，硬是能伪装得比谁都高尚，装来装去，还能产生幻想，品质败坏的行为，他竟也能觉得合情合理、理所当然了。

前不久看新闻，有个贪官就曾在法庭上大呼冤枉，说自己多清廉奉公，一心为国什么的，好像那些铁证如山的事实，全是栽赃，国家与人民应该为他平反似的，真是啼笑皆非，让人又叹且悲！

当然，想要演好，还是要有资本的。

首先，你得铁面无情，不能有人情，要狠得下心，该冷则冷，该热则热，怎么表演，对谁好对谁坏，要用利益的标尺去丈量，而不是是非公正。

其次，你还得有超强的分辨力，像爬树一样，看得清哪根树枝对你有用，哪根会阻碍你。对你有用的，就得换一副忠诚投效的面具，拼命地巴结；对你没用的，甚至阻碍你的，尽管他为国为民，大公无私，也得冷面无情，想办法搞定他。自己收了好处，却昧了良心。这种机关人员，我们是做不得的，因为早晚会遭到惩罚。

但是，无论演技如何高，做了于国于民的坏事，就要用更多的面具来遮掩，但是，无论多么谨慎的人，都会有马失前蹄的时候，而当所有的坏事摆在公众面前，曾经的脸皮无论多么高尚，都只能被踩到脚底。

◆ 要想斗过奸官，好官要比奸官还要"奸"

> 明朝的徐阶，为了斗倒奸臣严嵩，假意和他交好，还把孙女嫁给严嵩。当严嵩失去皇帝宠信时，徐阶在奏折中诬陷严嵩私通倭寇。因此，严嵩最终被杀，世人称快。

看一个人是不是好官，是不是一位好领导、好上司，有时候不是一两句话能说得清楚的。好官也会做坏事，甚至比奸官还要奸，但他们行动的目标是好的，出发点是正确的。机关只有以结果论英雄，从来不会在意过程，也不会在乎手段。

一位两袖清风、坐怀不乱的君子，他就一定能当个好官吗？未必。因为在人心叵测的名利场，表里如一而又不会使点手段的人，往往会好心办坏事，不但做不成好官，还会被那些奸官坏官利用，玩弄于股掌之间。智商很高却没点手段的人，他们不但办不成好事，阻止不了奸官恶官，反而会无意中助纣为虐，最后成为一只替罪羊。

我们都知道明朝的名相徐阶，他在任时做了很多利国利民的好事。但你知道他是怎么得到内阁首辅这个位置的吗？为了斗倒自己的前任——奸臣严嵩，他委曲求全，曲意逢迎，把孙女嫁给他，那叫一巴结！他身边的人都看不下去了，像高拱、张居正这些人，都对徐阶的行为不理解，略带讥讽地问："老师，你这么做，就不怕让天下正直的读书人寒心吗？"徐阶微微一笑说："那些正直的御史倒没让天下读书人寒心，他们秉笔直书，天天向皇上揭发严嵩的罪行，跟老贼誓不两立，确实值得人们敬佩，但又能怎么样？脑袋搬了家不说，事办成了没有？最后还得靠我扳倒严嵩。"

徐阶深知"逆势不取，顺势为之"的道理。当严嵩权高位重并深受皇帝依赖时，他不做鸡蛋碰石头的傻事，而是保存实力，麻痹对手。虽然严嵩几次想找借口干掉徐阶，却都没抓到什么有力的把柄。等到严嵩失势，徐阶看时机到了，果断地出手，把东南通倭的罪名安到了严嵩的头上。这招虽说有点阴损，但结果是严嵩这个大奸臣的脑袋搬了家，他替天下除了一害。结果是好的，手段自然也就具备了正义性。

好官要比坏官更奸才能为民除害

周星驰主演的电影《九品芝麻官》，里面包龙星的父亲临终前对他说了一番肺腑之言：坏官奸，好官要更奸。这是机关至理，包龙星初入仕途立志要做个正直不阿的好官，处处特立独行，着实一身正气，但最终他发现不但好官做不成，连个贪官也没机会做了。因为你脸上写着"我是好官"，可你又办不成好事，百姓不相信你，而所有的奸官贪官都跟你作对，拿你当仇敌，弄得自己两边都不讨好。

坏官当然很奸诈，又贪又恶，唯利是图，这是地球人都知道的事实。所以反过来我们想，既然一个坏官这么奸，如果好官不懂得他们的伎俩，又怎么能战胜他们呢？按照牌路出牌，只会防不胜防，处处被动，落个满盘皆输。像那些不怕死的御史，精神可嘉，效果却未必好。最后能斗倒权臣的往往还是比权臣更狡猾的人。

对坏官，我们当然不能纵容，也不可同流合污。但这并不意味着就不讲斗争的智慧，非得黑白分明，势若水火。好官在坏官面前，首先不能对他们的坏事视若不见；其次，学会适当地韬光养晦，掌握坏官的那套手法和思路，知己知彼，方能百战不殆。一句话，你得比他还要阴险，先保证自己不趴下，才能把对手踩在脚底下。

好官需要魄力和手段

再好的官也得读一读厚黑之术，拥有"心黑"的魄力和胆识。你不黑人，别人不一定不黑你。人在机关、职场，谁人不被黑，谁又不黑人？这是一条基本常识。也就是说，为了实现抱负或者某些目标，关键时刻你要果断，要不择手段，乃至不惜牺牲一些人的利益，用局部的损失去换取整体的胜利。

所以说好官也需要找些替罪羊，替自己打前阵，当炮灰。有些人为了扳倒那些大奸大恶之人，故意对他们的罪行睁只眼闭只眼，让他去作恶，自己悄悄地抓证据。时机到了，一举把他打倒。看起来被牺牲掉的那些人是无辜的，但最后的结果却是好的。

有一个名词叫做"伤害控制"，把伤害控制在最小的范围内，然后实现最大的目标。一个真正有能力的好官，是深谙此道的。只不过要做到这些，需要很强的魄力和高明的手腕。

如果我们空有一番抱负，抱着单纯的想法，不但斗不过那些奸官恶官，反而会把自己牺牲掉。比如，汉武帝时期的灌夫，看不惯皇帝舅舅的胡作非为，就跑到他的婚宴上借着酒劲怒斥他的恶行，还耍酒疯。虽说他所言属实，却因头脑简单，把自己扔到了坑里，被五花大绑关了起来，不久就被杀掉了。再想想被魏忠贤陷害至死的那些人，哪个不是忠心耿耿的好人呢？他们之所以死得这么不值，正是因为缺乏斗争策略，以为秉笔直言就能让皇帝看清奸臣的真面目，替天下除害。所以说除奸需要的是时机，而不仅是一腔热血。

无论是做人、做官还是做事，要想战胜对手，就得比对手更强大，更有城府，不然怎么立足？所以说对付流氓就要用更流氓的办法，清官要比贪官还要奸才能斗得过奸官。因此，有时候我们就得比那些奸诈的人还要懂得机关。只有这样才能看透对方，才可以保护自己。

◆ 赢家说说笑笑，输家高喊"发牌"

机关斗争，说说笑笑、不希望变动的往往是赢家，而输家则希望通过新一轮的斗争胜出。

英国政治讽刺剧《是，大臣》中，行政事务部的常任秘书长汉弗莱，凡遇大臣吉姆哈克提出某些改革方案，就会想方设法地使它胎死腹中。他阻碍改革，希望一切不动，因为他代表的是公务员系统的利益。在机关中，常任秘书长汉弗莱代表的公务员体系是赢家，他们当然希望所有的一切都不变化。

有一次，吉姆哈克接了一个不讨人喜欢的任务：改革全英国的交通网。在协商会议上，铁路、公路与航空的机关人员顿时吵得不可开交。他们都想扩大自己的地盘，把别人的利益割一块给自己。最后，这个法案又一次"顺利"地夭折了，因为都想做赢家，都不想当输家。

这就是机关的游戏定律，赢家向来都是保守派，除非变化可以给他带来更大的好处；而输家一向是改革派，除非他们是罕见的理想主义，不在乎输赢，只想找点事干。

古往今来，改革最难

秦国经过商鞅十几年的变法，国力更加强大。有一天，秦孝公带着诸位臣子登上都城的城楼，问臣子们有什么感受。变法之后因军功获封的新贵族们都说："真是壮美的景色，万里无云，空旷怡人，意味着我们大秦国力蒸蒸日上。"那些在变法中失势的老贵族却都摇头咂舌，说："唉，雾蒙蒙的什么都看不清，天空一片灰暗！"秦孝公笑了笑，什么都没说，但心如明镜。

变法改革，就像一次重新洗牌。作为既得利益者的秦国老世族，他们是赢家，当然不希望变动。秦孝公靠自己无上的权威，才发动了这场旷日持久的强国运动。在变法成功并且秦孝公死后，这些输家发动了新一轮的斗争，将商鞅给逼反并且杀死了。幸运的是，他们虽然重新发牌，却并没有能够胜出。因为那些变法中的赢家，这时就成了既得利益者，而且已经拥有了强大的实力，借此机会一举铲除了旧贵族势力，建立了秦国的新格局。

这就是为什么古往今来改革最难的原因。因为总会得罪一部分人，有人支持就有人痛恨，有赢家就有输家。所以一个聪明的机关人员、高明的领导者，他追求的就是保持利益平衡，使大家尽可能多地成为赢家，而不是输家。

有钱一块赚，利益共享，于是机关就像铁板一块，僵而不死。这其实就是由游戏定律决定的，既然发牌就有输赢，那干脆就别发牌了。至于国家利益、民族前途却不去管，这样的机关人员抱着想赢怕输的想法，显然就是对社会起负面作用的。

游戏的本质是利益的争斗

机关斗争就像一场桌面发牌游戏，大家和和气气，有说有笑，只有牌底露出，才有人得意有人愁。但在本质上，人在机关则是为了利益的争斗，它具体体现为两种紧密结合的方式：

一、人事斗争。屁股决定脑袋，位置决定实力。就像国会，席位多的就是执政党，席位少则说明你败北了，就得在野。所以赢家和输家都希望得到更好的位置，于是就结成网，掌控资源，或保住既得利益，或发动反攻战役。就像打保皇游戏一样，有联手有对头，保住位置、争取利益成了唯一的目标。

二、变革背后的博弈。任何一场变革，驱动力都是利益的重组，就像牌桌上改变游戏的规则。赢家当然不希望换手气，只有输家才想洗洗手，换一种方式玩牌。所以我们就能看到，凡是力争变革的，往往都是利益的弱势一方；凡是死硬的守旧阵营，大都要保住已有的利益。

另外，机关中向来暗斗不断，同事、上下级之间就像牌友，一边踩着防着，背后却捅刀子、使绊子；另一边又嘻嘻哈哈，划分着各自的利益范围。赢家与输家的标准都取决于权力的分割、管辖人事的多少。从这个角度来说，我们就能理解，为什么职员们都争着往上爬，为了一个晋升的名额打得"头破血流"了。

◆ 坏事往往比好事更容易发生

在机关中，坏事往往比好事更容易发生。
因为好事大家挤破脑袋都会去做，但好的结果只有一个人最终获得。
可以说，站在金字塔顶端的人，除了能力之外，还需要有非常好的运气！

1949年美国某空军基地准备作MX981实验。这个实验是为了测试人类承受超重压力的极限。空军上尉工程师爱德华·墨菲和同事一起协助实验。同事安装完毕，开始进行测试，即使实验设备在巨大的压力下变形了，但加速度计指针却一动不动。

原来，墨菲的同事竟然把16个加速度计全部装在错误的位置！墨菲气愤地说道："要是一件事情有可能被弄糟，让他去做就一定会弄糟！"

很快，这句话因为新闻的发布而流行起来，进而这句话演化为："如果事情有变坏的可能，不管这种可能性有多小，它总会发生。"这个定律在机关中也不例外，并且坏事往往比好事更容易发生。因为好事大家挤破脑袋都会去做，但好的结果只有一个人最终获得。可以说，站在金字塔顶端的人，除了能力之外，还有非常好的运气！

嘉庆四年正月初三（公元1799年2月7日），89岁的乾隆帝驾崩养心殿。嘉庆任命和珅和睿亲王一起总理丧仪。同时嘉庆传旨召其师朱珪即速回京。

初四，嘉庆以"前台"镇压白莲教，直指"后台"和珅冒功领赏。当天和珅的军机大臣之职就被削掉，同时嘉庆以守灵为由，将和珅软禁宫中。

初五，王念孙、广兴等人，纷纷奏本弹劾和珅。

初八，嘉庆在公布乾隆遗诏时，革除了和珅的一切职务。然后，和珅被收监刑部，多个亲王以及刘墉等人，一起查抄和珅府邸，并共同会审和珅。

十一日，和珅二十大罪状被嘉庆一一公布。并且嘉庆还在诏书中提到和珅获罪于乾隆，所以在大丧期间诛杀和珅也就显得名正言顺了。

乾隆倒下不过一周，嘉庆帝就一改原来隐忍的态度，杀伐果断、雷厉风行，将和珅拉下马，而举朝上下颇为震惊。

整个三百年的清王朝也只有一个真正的宠臣，那就是和珅。但是，再被宠又能如何？虽然在嘉庆帝登基后，乾隆爷没有放权，和珅也是小心谨慎地控制着嘉庆的权力，生怕自己被嘉庆诛杀。但是，他害怕的事还是发生了。

在政治上，虽然嘉庆不是治国的高手，但也算是玩弄权谋的老手。在和珅的每次挑衅后，嘉庆仍做足了表面工夫。别人在他面前抨击和珅，他还批评别人，说自己还需要和珅辅佐。另外，自嘉庆登基，和珅还得到过短暂的升官。结果，这位清朝宠臣，虽然心有怀疑，害怕嘉庆帝日后报复，但仍是放松了警惕，为所欲为，以至于达到了"人皆侧目，莫敢谁何"的地步。

受宠总有完结的一天，乾隆的驾崩使和珅的好日子终于走到头了。

如果嘉庆没有这样的权谋之术，可能和珅还要多潇洒几年，但是总有人需要借着和珅的肩膀向上爬，无论是忠臣还是奸臣，忠臣是为民除害，奸臣是为自己的利益。可以说，和珅的结局都是一样的。

其实从和珅整个的机关生涯来看，他还是比较顺利的。从一个三等侍卫到清朝第一大宠臣，其中既有幸运之处，又有才干之实，再加上高超的权术手段，和珅坐稳了乾隆的"宠臣"位置。但是，受宠的和珅不断地玩弄权术，贪赃枉法，官运就开始了扭转，即使官位一提再提，但是内部已经腐朽，总是要有倒台的一天的。

记住，机关有机关的规则，如果失职触犯法律，就等于走出了机关的游戏规则，丧失了重新游戏的机会。而骄横跋扈、以为自己如何如何的，更是加速了走出游戏的步伐。

与和珅比较来看，虽然曾国藩也是几乎触到了朝廷的底线，但是曾国藩却是谨慎的、内敛的，并且当曾国藩的官做得越大，越是觉得如履薄冰。他小心谨慎，没有一丝骄躁之气，最后得以终老而死，死后被谥"文正"。

所以在机关里混，一定要避免违反规则的错事，否则一不小心就会掉进墨菲定律里。管子说，"其所谨者小，则其所立亦小；其所谨者大，则其所立亦大"。谨慎和遵守规则永远是成功的护身符。随着地位的提高，往往人的成就感也就越大，也就越"骄气"，自然也就越"擅离职守"。结果，一不小心做错事，坏事情就会接踵而来。

记住，机关不是上帝和耶稣的舞台，千万不要以为自己是上帝和救世主。当你妄自尊大，以为部门离了自己就不能转时，曾经被压下的小问题，就可能毁掉你的前程，让你知道自己多么无知！

◆ 机关中的权力边际有多远

很多机关人员在位时并没有收受东西，但是因为他的位置，却让他身边的人"捞到"不少好处。即，利用自己的权力影响力，间接地"被受贿"。

香奈尔最初是做时装的，后来领域一再扩大，香水、鞋、首饰都有涉及；娃哈哈最初是做饮料的，后来做起了童装。领域的扩大让香奈尔得到更多消费者的关注，还为公司创造了可观的利润，现在香水已经成为香奈尔的一大支柱；但是，娃哈哈却因为做了童装而使得饮料主业流于非命，因为延伸的跨度太大了。后来，娃哈哈还是回到自己的老本行，终获成功。

这就是品牌的边际效应。在适当的领域中扩大自己的经营范围，可以巩固自己的势力，而出了界就会被吞噬。权力也有边际效应，很多机关人员在位时并没有收受东西，但是因为他的位置，却让他身边的人"捞到"不少好处。即，利用自己的权力影响力，间接地"被受贿"，进而耽误了自己的前程。所以机关人员最好在自己的一亩三分地上经营，用心就能得到不错的收获，但是手伸得太长就可能被吞噬。

孔子说："不在其位，不谋其政。"位置和权力是相辅相成的，缺少任何一个，权力和位置都不成立。

在其位，才能谋其政

职位本身是管理系统的一部分。坐在了某个位置上，才有权利去做这个职位上的事，否则就是越权。

某科员经常为领导起草文件，所以领导说的话，他大多都能背下来。在一次新闻发布会上，领导没有及时到场。科员为了安抚一下各位记者，便说了一番话。顺手拈来，口气颇有领导之风。结果，领导到达后甚为不满。虽然没有"越俎代庖"，但也有越权的嫌疑。此后，科员受到领导的排斥。

职位本身不仅仅代表权力，还代表责任。职位的出现意义从本质上讲是为了权责分明，内部人员分清责任，进而做到人尽其才、物尽其用。所以超越权力边际去做事，就意味着担当更多的责任。做得好倒也好，但是做得不好，就再也爬不上去了。

想要谋其政，就要先谋其位

在生活中，"第三者"总是为人所唾弃，根本原因不是爱与不爱，而是位置。如果一个男人总是为有夫之妇做她丈夫应该做的事，即使两人没有发生什么，也会为人所唾弃。相反也是这个道理。这就是位置区别。

机关和生活有些类似，想要拥有某种权力，最先做的是谋求到拥有这个权力的位置，也只有坐到这个位置上，再去行使职位，才会更有保障。

机关比生活更讲究职位，更正统。一个皇帝只有经过了册封，诏书，然后才能登基，拥有至高无上的权力，任免众大臣。如果只是太子，就没有这个权力。所以看看历代帝王，做太子的时候都是比较谨慎的，但是当了皇帝后就玩起了变脸。

古代变脸者，以隋炀帝为甚。做太子的杨广注重仁孝礼仪，在帝后面前百般顺从，生活相当勤俭。但是，登基之后，很快就奢华起来，为了向国外使臣证明"泱泱大国"的风范，竟然给树都穿上了衣服！但是这个时候已经没有人能够阻止皇帝使用奢侈的权力了。

职位是重要的，决定了你如何做事、如何说话，也是你做业绩的前提，当你做了不错的业绩，业绩突破了你的位置，最好把业绩上移，以免引起上级的忌惮。

◆ 上层给的是真经，下面念的是歪经

农村流传这样一种说法："上面的经是真经，都是下面这些歪嘴和尚把经

念歪了。"为什么歪嘴和尚要把经念歪呢?

原因有二:

一、和尚水平太差,不会念经;

二、和尚故意要把经念歪。

明末清初著名的思想家黄宗羲在《明夷待访录·田制三》中说,每次税费改革后,农民的税收就比原来加重,就是真经歪念造成的后果。

很多时候,上面念的是真经,立意也是好的,但是经过层层的和尚念经之后,好经就变成了坏经。虽然文件还是那个文件,但是到了最后却没有任何实质性的意义了。

歪嘴和尚念歪经——为什么有钱的"和尚"爱歪嘴

一项条款下来,总会"伤害"到某些人的"灰色收入"。所以为了避免自己的利益减少,他们就做起了歪嘴和尚,从文件的各个地方找漏洞,加大、扭曲。最终,文件非但没有"伤害"自己的利益,反而为自己带来了更大的利益。

值得注意的是,"贫瘠"的部门往往是听从上级安排的,"富庶"的部门往往不听指挥,"歪嘴念经"。这样,不断地循环就形成了机关的"马太定律":越有钱的部门越有钱,条文下来越多,贪污腐败越厉害。而越没钱的部门越没钱,条文下来越稀少,"清廉居士"也越多。

谁是不会念经的和尚呢?

不会念经的和尚大多都是"中庸派",既不能不顾上面的"文件",

又不能鼓舞下面念歪经。所以只好说："这个经不会念，这个问题还是找谁谁，他比较有经验。"对上面的意思是："这个文件不关我的事，以后出事不要找我"；对下面的意思是："你们想做什么就做什么，不要拉上我做垫背的"。

真经谁来念呢？

当文件没有真正的执行者时，真经就成了徒有其名的空文。那么，真经谁来念呢？自然是有人的，比如，××电台或者××报纸。广大人民群众也了解真经的内容，但是谁是真经的执行者呢？说话的人高高在上，办事的人推诿不就。

于是真经就成为废纸。上层给的是真经，下面念的是歪经——就这样大行其道。所以聪明的机关生存人士都能洞悉其中的奥秘，真正抓住其中的关键所在，既能在机关中保存自我，又能真正把上面的真经给完全地贯彻执行。这才是真正的机关高手！

◆ 地位越高，人们就认为自己能力越强

有两种情况，人们最容易吹嘘自己的能力：

一、恋爱中的男人。他们的许诺要远远大于他们的能力。但是，女人很受用。

二、升职的男人。一个人当了科长，想当处长，而当了处长后，又觉得自己适合当局长。能力随着官阶而提高。

人的欲望是不断膨胀的，不断增长的虚荣心也会让人看不清自己的本来实力。有句俗言说，人只有在如厕时，才能发现自己不过如此。为什么这样讲？因为人在外面闯，在办公室互相吹牛侃大山时，大都沉迷于自我幻想的一种状态中，觉得自己真的无所不能了，被名利牵累，被向上爬升的欲望捆绑。只有进了厕所才突然意识到：哦，原来我还是这样的，依然摆脱不了吃喝拉撒睡。

机关亦是此理，人对权力的追逐是无止境的，今天当了科长，觉得自己能当处长，当了处长，又认为自己可以当局长。这就是机关的能力定律：地位越高，他就觉得自己能力越强。

清代有个大字不识一个的人，他不学无术，整天就是遛狗斗鸡，好吃懒做。忽然有一天，这家伙来了"官瘾"，想弄个官当当。在那时候，想当官是要考科举的。一开始，他靠老父亲的钱买通了下面的考官，弄了一个秀才的名号。这是第一步，每个人都得这样。秀才的帽子一戴，他就觉得自己了不得了，走在乡里，昂首阔步，比真正的知识分子还牛。别人在街上遇到他，问他今天都干了啥，他脑袋一扬："读了几本古书！"一点也不脸红，好像自己能读多少书似的，大家也不计较，偷笑几声走开。

没人给他难看，他就越发得意了，心想混机关不难嘛！当秀才算什么，只是我的第一步。于是又开始花钱买路，捐了几千两银子，买了个官，当上了县令。他往大堂上一坐，好家伙，真威风！全县的大小事务全归他管。他把官服一穿就开始乱审案。两个月不到，冤案堆了六七件，他还觉得自己判得很对，一点问题没有，而且还求老爸接着使银子,他已经不满足只做个县令了。

凑巧,皇帝的钦差大臣南下,路过此县,看这小子一见自己就吹牛,很不顺眼,就说自己心情很好,想题几个字。字一写完,钦差问县令:"我写的什么意思啊?"他伸头一瞧,说不出来了,因为他不认字啊,连毛笔都不会拿。钦差大为恼火,当时就摘了他的乌纱帽查办,结果全家株连。

没有金刚钻,非揽瓷器活儿,结果就是这样,给他高官厚禄,他也无福消受。但在现实中,许多人却乐此不疲,虚荣心主宰了灵魂,在机关之路上越陷越深,被权欲迷住了头脑,走上了不归路。比如以前曝光的一个女贪官,她做到了市委这一级别的位置上,不过才是初中学历,字都写不好,发言稿都要靠秘书加工,据说她还认定自己前途一片大好,还能往上升。到她出事被"双规"了,才恍然大悟,原来自己做过的很多事都是瞎胡闹,根本就没那个能力。

英国有句政坛名言:"政客就是选个疯子去管理精神病院。"级别越高的政客,疯癫的程度就越深。他们觉得自己什么都能做,其实除了说大话、吹牛、空想、自我感觉良好,什么都做不了。

所以有些人级别升了,觉得自己地位很高,就想折腾一下,展示一下自己的"能力"。比如某地市长,新官上任要烧三把火,大兴土木,建了一座古代风格的旅游园区,耗资十几亿,结果成了一堆豪华的无用建筑,因为交通不发达,地处偏僻,根本没人来旅游。他连基本的考察规划都没做,一拍脑门就瞎做决策,这就是自我膨胀的典型。

为什么会出现这种现象呢？能力定律的根源除了自我的欲望膨胀，还有什么？恐怕那些巴结上级、对领导唯命是从的人也有责任。做领导的缺乏监督，也没人跟他说实话，每天听到的都是马屁，活在掌声和鲜花之中。再清醒的人，天天如此，也难免头脑发晕，失去自知之明。大家都对他竖大拇指，他慢慢地就觉得自己真的很了不起了。于是向上爬的欲望也就更浓，最终掉进这条能力定律的"陷阱"中。

可见，要避免能力定律的影响，除了机关人员本身要有清醒的自我认识外，围绕在机关人员身边的形形色色的人，也要反思才可以！

◆ 要想学会最节省时间的办法，首先必须学会说"不"

不懂拒绝，永远忙不完，并且不会做出任何成绩。

所以想要为自己节省时间，做一些出政绩的事情，最佳的办法就是说"不"。

身在机关，首先，应酬不会少，饭局和琐事多；其次，总会有很多做不完的事情等着你。机关无小事，事事迷人眼。如果你不懂得分辨，不知道审时度势，不明白该做什么事，不该做什么事，就很容易让自己陷入一种永远忙不完可又做不出成绩的状态。这类人是机关中的拉磨驴和苦力，空有苦劳，没有政绩，也就很难升职。

所以省时定律就是教你学会说"不"。掌握拒绝的艺术，节省时间去做最重要的事。用最多的时间去做那些对自己的前途最有帮助的事情，是一个人前程似锦的保证。

学会挑选饭局

不必要的饭局坚决不去，该去的则一定要去。这是节省时间的第一步。在中国社会，饭局是很重要的交际方式，山珍海味、美酒佳肴，人们重的是局，轻的是饭，事情都是在饭桌上谈，利益都在饭桌下交换。王公大臣展现计谋、谋取国事、成就霸业；各级机关人员拉关系套近乎、结盟或谈判，无不在饭局上完成。就是同事之间、同事与上司之间，饭局也是一个重要的应酬手段。但你如果什么饭都去吃，什么局都去参加，免不了就会做80%的无用功，因为大多数饭局你是捞不到什么好处的，或者说对你没有什么实际益处，并且还有些饭局，你只是纯粹的冤大头。

所以要省时，对饭局首先得挑选。哪些是必须去的，哪些又是可去可不去的，而哪些饭局坚决不能去。心中有明镜，就知道什么时候该拒绝，什么时候又该应允了。就拿娱乐圈的例子来说，据媒体报道，某女星因为经常拒绝饭局，而失掉了不少片约；另一女星则来者不拒，却传闻被煤老板包养。两者都不可取，有些饭局纯粹是有钱人的面子，对自己的事业没有任何帮助，就不需要每次都去。而有些饭局则是片商给予的重要机会，那就不能错过了。

机关也一样，领导请客或有机会陪领导吃饭，怎么可以错过呢？天大的事也不如这样的事重要！但要是有人请你去喝喝玩玩，又没什么可以捞取利益的期望，那就不必浪费时间了。

拒绝某些劳而无功的计划

一个人不但要学会说不，还得学会躲避那些琐事的捆绑。上司突然交给你一件劳而无功的事情，嘴里说得好听要栽培你，实际上却是让你把大量的宝贵时间都浪费在这些原地转圈的拉磨之中，你怎么办？

人在机关，事情缠身，每天都是一关，事事都是一道坎儿。每个人都要睁大眼睛，看看面前的这些事，哪些可做，哪些不可以做。不然不但浪费时间，还对自己有害无利。

只做重要的事

我们决定自己该做什么时，就是省时的开始。干的事对你的重要性，决定省时的多少，通常越重要，越在乎，你就越省时。人在机关，必须学会选择对自己最重要的事，杜绝垃圾时间和无效时间。

明朝的开国皇帝朱元璋有一个习惯，他会把每天要做的事情都写在一张纸条上，然后贴在书房中，贴得到处都是。这样他每天早晨起来，到书房一看就知道今天有什么重要的事是他必须处理的，什么事是可以放权的，又有什么事他必须自己亲手抓，一二三四分得很清楚，头脑一点也不乱。

有句话说："你是不是重要人物，看你每天做什么事就知道；你能不能成为重要人物，看你每天做什么事就知道。"或机关，或人生，这个道理是通用的。做的事情越多的，时间越不够用的，往往都是些打杂的底层的人；越往上走，地位越高，职位越重的，闲余时间越多，因为他们只负责处理最关键的事务，所以节省了大量的时间，用来思考和筹划未来的发展。

所以不懂得拒绝无关紧要的事情，你就慢慢地会变成一个不重要的人；做不重要的事情，你就成不了重要的人物。你要明白，在机关中不是所有的事情都该你做的，也不是所有的安排和命令，你都没办法拒绝。只要灵活掌握说不的技巧，要让别人看起来你确实很忙，并非存心拒绝，或者你总能让自己处于一种"很忙很尽力"的状态中。如此，你既可享受拒绝的好处，还能打造一个努力工作的好形象。当然，最大的好处是你为自己节省了时间去做更重要的事。

◆ 晋升并不意味实权越大

级别提升并不意味着就是好事。很多提升往往意味着明升暗降，职位高了，实权反而变小了。所以当你被提升时，先不要暗喜，因为很可能是"哑巴吃黄连"，不甜反苦。

机关中明升暗降的事情很多。想要整治某下属，上级总会先给他升职，调离要害的权力部门。当然，升上去的也多是有名无实的职位，最后把他屁股底下的椅子拿走、"耳目"堵上、断了他的"手足"，再彻查他的老底，看看是留是弃。

所以晋升有时候就是迷魂药，不要觉得自己升职了、上调了就得意扬扬，尾巴撅老高，觉得前途一片大好。其实权力的大小有时不在于地位的高低，而是看你掌握了什么样的部门，拥有多大的话语权。

"升职"是整人的常用手段

整人的办法除了降职开除，还有升职。可以说，升职整人法有时比降职还阴险狠辣。因为降职免职，顶多甩手不干，落个清闲，没有名利了，但也没了危险；降职叙用，也算是戴罪立功，还有翻盘的机会。但如果想整你却又给你升职，那结果往往就是最坏的了，因为对手这是想把你连根拔除。

三国时期的司马懿很有能力，他在魏文帝曹丕当政时受到了重用，地位逐渐显赫。魏明帝曹睿在位时，他成了魏国的支柱，多次带兵出征，立下了赫赫战功；他曾经以坚守的战法，使诸葛亮率领的蜀军无功而返，后来又平定了公孙渊的叛乱，军权在手，政治威望也极高，朝野内外遍布他的党羽。魏明帝死前，把年仅八岁的太子曹芳也就是魏少帝托付给他和大将军曹爽，让他们二人共同辅佐。

一山有了二虎，形势就变得很微妙。曹爽当然不会让异姓的司马氏分享权力，于是就以魏少帝的名义将司马懿提升为太傅。跟军队统帅相比，这个官位是明显提升了，但失去了军权。曹爽就用这种给他升职的手段，剥夺了司马懿手中的兵权，把他架空了。

试想，在古代党争残酷的年代，如果手中没有兵，即使官位再高又有何用？还不是别人案板上的鱼肉。所以给司马懿"升职"，从三军统帅升到太子的老师，其实就是曹爽想为最终杀他而作的第一步铺垫。好在司马懿的政治智商在历史上是排得上号的，跟诸葛亮都能斗得不分上下，他岂能识不破曹爽的这点伎俩？于是他就装病示弱，暗中准备，隐忍待机，最后来了个大翻身，夺了曹家的位置，他的儿子建立了晋朝。

历史上另一位打仗很厉害的大元帅岳飞就没这么幸运了，他军事才华极高，战场上打得金兵抱头鼠窜，但在机关中却是一位十足的"小学生"。赵构和秦桧想收拾岳飞，第一步不是派几个钦差把他五花大绑扔进监狱那么简单——军队还不造反了啊！而是升职！

把岳飞从宣抚使升为枢密副使，名声是好听，官位挺高，估计薪水也涨了，但是兵权没了。从此以后，岳飞的手中一个兵没有了，这在程序上先断了岳飞领军造反的合法性。然后就是分解岳家军，把岳飞的心腹和老兵旧将们分别调开，零散地插到各军，不能合力。这些事都做得差不多了，才把岳飞送进了风波亭。可怜一代名将，被"升职"整下了马。

这就是机关中的诡秘无常，你职位升了，实权却降了；名声高了，薪水多了，说话的声音却弱了。区别就看升的什么职，把你调到了哪个部门，掌握哪一类资源。如果从团长升到师长，从县长升到市长，从市长升到省委书记，那没话说，职位升了权也大了。但如果是从县长调去了市政协，从行政处长升为环保部长，不好意思，级别是长了，但你的权没了，因为你从一线部门的实权人物变成了二线部门两手空空的"花瓶"。这样的升职,就叫哑巴吃黄连有苦说不出!

有时职位越小,实权反而越大

为什么说职位越小,有时实权反而越大呢?因为权力的评价标准,不是看你戴了多大的帽子,坐了多宽的椅子,而是你的手能伸多长,是遮了半边天,还是只遮住一块云彩。一座学校的名誉校长,肯定不如他底下的教导处主任实权大。区别就在于是实职还是虚职,对具体事务有没有影响力。

以前皇帝身边有一个太监,不过是个伺候皇帝老子吃喝拉撒睡的"保姆",却能把朝廷大员的小命捏在手里。几句好话能让一个人平步青云,几句坏话也能让丞相级别的高官丢掉乌纱帽,甚至掉了脑袋。他的位置可谓小到极点,可是权力大不大?一人之下,万人之上!用句话叫"一颗老鼠屎能坏一锅汤",用在太监身上正合适。老鼠屎很小,威力却是这么大!

现在,很多机关人员的落马都是坏在他们的秘书身上。有句俗话说:"送礼不送领导送秘书。"求领导办事的,不用去登领导家的门,把他的秘书搞定就行了,因为他能借助领导的关系和影响力,办成很多违法乱纪的事,这就是很典型的位小权大的事例。小小的秘书握着领导的大印,假传圣旨,只手遮天,权力简直没有边界。有时甚至无官也权大,领导的家属本来就是平民百姓,却也可以在很多事情上拥有特权。

升职不一定是好事，有时职位小也不一定是坏事。职位越小，实权反而越大，这种事历史上不少见，在今天更是比比皆是。很多不起眼的职位，在实际操作中掌握着很重要的权力和资源。所以职位与实权有时并非一回事。不管你身在机关还是职场，首先看重的都不应是职位高低，而是你掌握了多少资源，可以做成什么样的事情，这才是最重要的权力定律。

第八章 永远不要比你的上司更出色

好出风头的人一定会被打压；木秀于林，风必摧之，露头的鸟一定是猎人的目标。只有上司舒心，自己才能放心；让上司担心，那自己只能是烦心，甚至会被干掉。这就是枪打出头鸟定律：任何时候，都不要比你的上司出色。

◆ 副职的工作就是做陪衬

"一山不容二虎"，做好副职，最好的办法就是做好陪衬。

否则，无论多么卖命，也会因为"工作需要"而调离。

常言道，做天王老子的跟班，不如当小山头的老大。无论什么单位，二把手都是最难做的，舒舒坦坦地伸直了不行，小心翼翼地缩着也没用。一个副职，太能干了，正的就不高兴，因为你功高盖主，威胁到他的地位，他就要想办法整你；太窝囊了，底下的人瞧不起你，背后就会议论你，让你夹在中间里外不是人，前途也受影响。机关的"陪衬法则"讲的就是怎么当好副职，如何做好正职的陪衬，既要让领导高兴，还能适时地展现自己的能力，让下边人佩服，这是一门硬功夫。

一山不容二虎，副职要学会做猫

中国人在机关中是没有"和"文化的，很少像西方社会那样，作为竞争者的两名机关人员对事不对人地团结协作。中国人做官，实质就是争山头。一座山头只能有一个王，一个部门只能有一只老虎，一块领地也只能有一头雄狮。正职首先将副职视为一种威胁，其次他才是把副职看做是自己的助手。一个人如果做了副职领导还想不透这点，拼命地表现自我的话，他离被调走就不远了。

黄兴在同盟会成立时，由于两湖的会员很多，大家就推举他做老大，可他认为自己的德才都不如孙文，就把一把手的位置让给了孙文，他成了二把手。但是，在实际工作中，他偏偏又想当"老大"，椅子可以让，屁股挪开了，心却还在那儿，手也经常往那儿伸，于是就和孙文有了矛盾。两个人都是"龙"，也都飞在天空中，高高在上，没人愿意当一只猫，结果就是两条"龙"必须死一条。可如果是一条龙和一只猫在一块，那就相安无事了，大家不用杀得你死我活的，而是合作愉快。

副职怎样才叫做猫呢？某省一位副市长说副职要"说了动，挡得住，受得下"。说了动，就是一把手安排的工作要雷厉风行地干起来，主动配合不越位，勤奋工作不说累；挡得住，就是独立工作能力强，能为主要领导独当一面；受得下，就是吃得了苦，某种程度上讲还要能受得下气。领导骂你要听着，让你背黑锅要忍着，让你蹲着你就不能伸长脖子出风头，因为苦劳是你的，风光是正职的。

所以有时副职是气死的，而不是累死的，此言一点不假。副职如果有牛脾气，就会跟正职顶牛，牛顶牛，死一只。可如果是一副猫脾气，就好办了，面对现实，把不甘心藏在胸中，慢慢地努力，暗度陈仓，先让正职满意了，你早晚也能变成正职。

可以是陪衬，但不要做花瓶

二把手也是官，是官就要有权威，有官望，为自己创造一个晋升的通道。所以副职也得表现。在做好陪衬的基础上，把才华体现出来。

第一，副职可以事事请示，突出一把手的权威，但要分管一摊，做好自己的那一摊，事事都尽心。因为副职是一个承上启下的桥梁和纽带。既要当好正职的延伸，又要当好下面人的领头人；既要把组织和正职的指示精神传达下去，又要把下面的情况搜集上来，用最恰当的方法上报。这就有点轴承的作用，所以副职即便是轴承，也一定要是一根坚固的轴，承受得起这样的任务和压力。

第二，当好正职的嘴和腿，替他传达命令，跑腿干活；也要做好正职的耳朵，对他的错误进行弥补。可以让正职觉得这都是他的功劳，但你一定要让下面的人看到你的成绩，让更上面的领导认可你的努力。

一个合格副职的三条原则：不争权、不越权、不弃权。

一个合格副职要干好的三种工作：正职想干不好干的，我干；正职该干不愿干的，我干；正职不愿干但必须干的，我干。

做副职不容易，做副职也有窍门——让领导觉得你是一位合作愉快的好下手，还得警惕性很强地防范着别成为他的替罪羊。必要时，你得明哲保身，果断地跟正职撇清关系；而大多数时候，你又需绿叶配红花，和领导完美地融为一体。这可是一门大学问，是非得身经百战，才能悟出的机关真谛啊！

◆ 永远不要比你的上司更出色

不要把你的天分全部暴露出来，这样，上司非但不会因为有个能干的下属而高兴，反而会有不安全感，为了自己的位置，他们可能会把你这只"出头鸟"断头折翅。

古时的大臣常在皇帝面前装傻，故意装作不懂、看不出某些问题，把表现的机会留给皇帝。他们是真傻吗？当然不是。相反，他们很精明！因为他们知道树大招风，好出风头的人一定会被打压；木秀于林，风必摧之，露头的鸟一定是猎人的目标。只有上司舒心，自己才能放心；让上司担心，那自己只能是烦心，甚至会被干掉。这就是枪打出头鸟定律：任何时候，都不要比你的上司出色。如果他对你失去了安全感，觉得你是个威胁，为了保住他自己的位置，一定会找机会让你这只出头鸟断头折翅的。

三国时的杨修，才华非比常人，出身还极高贵。杨氏家族是汉代的名门，祖先杨喜，汉高祖时有功，封赤泉侯。高祖杨震、曾祖杨秉、祖父杨赐、父杨彪四世历任司空、司徒、太尉三公之位，与东汉末年的袁氏世家并驾齐驱，可谓声名显赫。到了杨修这一代，混得差一点，但他很有才，出口成章，聪明无比，所以虽然他只是曹操门下的一名知识分子，但骄傲得不得了。

有一次，曹操建造花园，开工前，工匠们请曹操看一下设计图纸。曹操抬眼一瞧，什么都没说，只在园门的位置写了一个"活"字。工匠们哪里懂这是什么意思，就去问杨修。杨修笑道："丞相嫌你们把园门设计得太多了，门里一个活字，不就是阔嘛！"工匠一听对啊，就按杨修的提示改了方案。曹操看了非常高兴，便问工匠怎么知道自己心意的。工匠们老老实实地说："哎呀，这多亏了杨主簿的指点。"

曹操嘴上称赞杨修，心里却已经很不满意了。后来曹操去打汉中，老是吃败仗，想继续打，难度大，想退兵，又怕丢脸，心中犹豫不决。恰好厨师端进来鸡汤，曹操看着碗中的鸡肋，沉思不语。这时有人入帐禀请夜间口令，曹操随口答道："鸡肋！"这事又传到杨修的耳朵。杨修马上让随行军士收拾行装，准备回家。士兵们就问他是怎么知道魏王要退兵的？

杨修说了一段历史上很经典的话："从今夜口令，便知魏王退兵之心已决。鸡肋者，食之无味，弃之可惜。今进不能取胜，退恐人笑话，在此无益，不如早归。魏王班师就在这几日，故早准备行装，以免临行慌乱。"

杨修把曹操的心思猜得很透，但可惜他表现错了时机，千不该万不该在这种时候出头。曹操听到杨修猜到自己的心事，立刻以扰乱军心的罪名将他杀了，死时杨修年仅四十五岁。杨修的悲剧在于锋芒毕露，屡次在曹操面前卖弄自己的才华，本性多疑的曹操多次被触犯，最终忍无可忍，找了个机会，把他的脑袋砍了。

在机关中，你要一直让你的领导有舒适的优越感。在他面前，不要太笨，但也绝不可太聪明。把自己的才华全部暴露出来，往往会带来相反的结果。他们会觉得恐惧和不安全。只有让你的上司显得更聪明一点，那样你才会得到更多的东西。

这种情况比比皆是。初入机关，很多人初生牛犊不怕虎，加上自己年轻聪明、能言善辩，所以总能从众人之中脱颖而出。因为有雄心勃勃的事业心，所以工作起来似乎永不疲倦，在讨论问题时，更是激扬陈词。可是最后却发现自己所有的努力都遭到了顶头上司的阻挠、破坏和打击。

而这些情况，究其根本原因是因为你的顶头上司觉得你的表现对他的位置构成了威胁，于是就和你找别扭，想办法对付你。如果这时你再强出头，那就要有一场"大战"，不是你死就是他亡。总之，一山不容二虎，领导不会容忍你的风头比他大。

说到这里，我们就很容易理解，为什么机关中有那么多尔虞我诈了，因为下面的人总要表现自己往上爬，上面的人则拼命地维护自己的地位，打击异己和威胁自己的人。领导不是不提拔新人，也不是看到出风头的人就打击，而是有一个原则：只提拔对自己有利的人，是一伙的才行，不是一伙的，或者他提拔了你之后，自己的利益会受损，那就对不起了，咱们就是敌人！

因此，机关中的出头鸟是万万做不得的。一旦被上司认定为你是"应该用枪打的出头鸟"，能躲过一劫的人，恐怕不过千分之几。在上司面前卖力表现，可以；但绝不要让他觉得你比他强多了！这就是为什么总有人高喊自己"怀才不遇"，因为大多数的上司其实都嫉贤妒能，谁愿意给下属做铺路石和垫脚石呢？这样的好上司可遇而不可求。

◆ 当领导说"我对你很放心"，事实可能正好相反

如果上司说："我对你很放心。"你要相信，他从来没有放弃过调查你。因为真的放心是不必说的。只有"害怕"你察觉他的调查，他才会这样安抚你。

明朝开国功臣宋国公冯胜，帮着朱元璋打下了天下，进了南京城就开始骄傲了。他在自己的府第外筑稻场，整天走马为乐，侵扰百姓，周边的邻居苦不堪言，恨他恨得要死。于是有受害者告到了朱元璋那里，说冯胜家居不法，稻场下密藏兵器，肯定是想谋反。冯胜听说了很害怕，朱元璋向来多疑，大肆使用严刑酷法，连自己

的儿子都能杀，何况我这种外姓老臣，这可怎么办？他吓坏了，晚上觉都睡不着，一直睁着双眼，生怕锦衣卫冲进来把他带走，鬼头刀一挥就将他给结果了。

但是，不久朱元璋把他召进宫，表情却还和往常一样，摆上酒席请他吃饭，还劝他说："老冯啊，这件事你放心，悠悠众口，说什么的都有，我不至于相信那些无端的谣言！来来来，咱们吃饭喝酒。"边说边笑。原本吓得战战兢兢的冯胜一听放心了，原来皇帝对我还是很信任的，毕竟我是开国元勋嘛！于是他敞开了肚子吃喝，谁知道回到府邸，当天晚上七窍流血，暴病而亡。临死他才明白，朱元璋给他喝的是毒酒。

上司对你说："我很信任你！"看了这个故事，他的话你还敢相信吗？这就是机关信任定律：上司表示信任你，事实可能正好相反。因为信任是不必说的，刻意说出来的一定有假，至少背后有水分。当他对你表态时，很可能正在调查你，或者想拿下你。因为不知道你是不是察觉到了他的意图，所以才会用这种方式进行试探。

记住，别相信上司故作亲近的话，因为背后一定是个陷阱。上司的亲近通常都是有目的的，如果不是要利用你去做什么事，就是觉得你对他是个威胁，想对你下手了。

汉武帝调查自己的亲舅舅田蚡，都已经决心将他拿下了，还要召他进宫，表示要继续重用他，态度异常和善。幸亏田蚡是个聪明人，他立刻意识到，皇帝这时要对他动手了，因为怕他跑了或者谋反，才把他叫进宫刻意安抚他。回到家，田蚡思来想去，想出了一条妙计：装疯。他披头散发、意识迷乱，还跑到屋顶上放风筝，最后骗过汉武帝，躲过了这场杀身之祸。

那么，面对上司的这种假惺惺的表态，应该怎么办？

第一，应该感恩戴德，面子工程必不可少。上司握着你的手对你表示好感，你总不能皱起眉头跑掉，或者当面揭穿他的"狠毒用心"吧？

第二步，表忠心。因为他希望听到你的忠诚回应，稍有犹豫就会让他产生怀疑，所以此时我们都要变成演技派，以表现自己的忠诚。虽说不至于慷慨激昂地大喊什么"我这条命就是您的"，但也要表情逼真一些，态度坚定一些。

第三步，想想最近有哪些事做得不合上司的意？在哪些地方得罪了上司，或者最近自己有否越级报告过？另外，就是你得全面考量一下自己在单位的价值，近期有无升职的可能？会不会对上司构成威胁？当你把这些细节思虑一遍，你就能找到上司突然对你"抛媚眼"的真实原因了！也就能见招拆招、从容应对了！

◆ 你是他的人，他却不一定是你的人

曹操问他的粮草押运官："我可以借你的东西吗？"押运官诚惶诚恐地说："小人有的一定双手奉与丞相！"曹操说："我要借你的项上人头。"于是，押运官死了，曹操厚葬他的同时，说他贪赃、玩忽职守，以此化解了士兵军粮短缺的反抗心理。

当你意识到自己是谁谁的人时，不妨问问自己，他是你的什么人。要知道，在他心里，你可能只是个挡子弹的。

在机关中，记住这个永远不会变的真理："你是他的，他却是他自己的。"这正是出卖定律要告诉我们的，没有一个上司是靠得住的，也没有一个同事值得你付出所有的信任。所以必要时留一手，别把自己扔进没有退路的墙角。有时正因为你太信任一个人，才变成了他的牺牲品。

我不过是给他干活的人

某市委秘书，一直以为他的领导是他的知音，因为平时没事，两个人经常聊点艺术啊、商业等有趣的话题，很是默契，私交自然也很深。这位秘书就觉得，他和领导的关系绝不只是上下级这么肤浅，而是工作中的同事，生活中的朋友，还是可以做一辈子的良友。

但是有一天，因为某项工程出了问题，省里来调查，领导却把自己的秘书出卖了，让他成了替死鬼，而且眉头都没皱一下。秘书找他谈话时，他还说这是伤害控制，是将问题的严重性控制在最小范围内的最佳方式。这时，这位秘书才发现自己真正了解了机关的真相，他是他，我是我。除了利用与被利用的关系，他和领导一点的关系都没有。

这种事情很多，下属跟领导近了不行，远了也不行，那应该怎么定义跟上司的关系呢？最常见的当然是完全忠于上司，他让你做什么你就做什么，从此成为上司的马前卒，不管刀山火海你都得先冲上去。就像题头所讲，成为一名彻头彻尾的"曹操的运粮官"，在老板需要时，什么事都做，包括献上自己的人头。

另一种就是表面的效忠，听上司的指挥，但实际上有自己的一套思维方式，关键时也要利用上司达到自己的目的。这才是正确的态度，因为你把自己当成上司的人，上司却不一定把你当成他的人。你只需要给自己一个定义：我只是在给他干活，如此而已。如果自己的利益有所需要，我会果断地抛弃他。

学会利用上司

你是上司的人，难道上司就不能利用了吗？我们完全可以乾坤倒转，将上司当做自己的人，而自己却不是他的人。不过需要注意的是，利用上司是走在钢丝上的技巧，绝不能大张旗鼓。如果做得太过明显被人发现，那你在机关就混到头了。

明代嘉靖年间，徐阶和严嵩斗得你死我活。这两个人就是利用皇帝的高手。表面上，他们都是皇帝的人，实际上，也是利用皇帝的人。嘉靖皇帝热爱修道，这是人尽皆知的事情。严嵩就经常利用这个喜好来讨嘉靖的欢心，使得他数十年屹立不倒。但你知道吗？徐阶最后扳倒严嵩，竟也是利用了嘉靖皇帝的这个喜好。

嘉靖到了晚年，对严嵩就开始不满，但他始终下不了决心除掉这位权臣。徐阶瞅准这个机会，买通了一个叫蓝道行的道士。这个道士在给嘉靖皇帝扶箕作法时，留下了"分宜父子，奸险弄权"的字样，嘉靖顿时以为这是上天给他的旨意，便问奸险是谁。蓝道行趁机说是个下巴削尖高昂的人，这个人会克皇帝，早晚会给陛下带来厄运。嘉靖对于道术之迷信已经到了难以自拔的地步，他根本就没想到，这个道士早就被徐阶收买，所说的话不是上天的意图，而是徐阶的意思。于是，他朱笔一批，把严嵩一家满门除尽了。

严嵩和徐阶的斗争表明，领导的个人喜好恰恰就是领导最大的弱点。聪明的下属很擅长抓住上司的这个弱点，在与上司的较量中，剑走偏锋，看似被动，其实一切尽在掌握。像徐阶这种老谋深算的下属，当然不会出现"曹操的运粮官"那样可悲的遭遇了。

◆ 高你半级的人，往往是最危险的，同级的是天然敌人

往往高你半级的人，就会把你归为敌人行列。他害怕你升迁和他平起平坐。对于同级的人，你就是他的天然敌人，无论如何都要分出斗争的成败。

记住，这是中国五千年来的帝王术。

如果你在单位有了一定的职位，那么对这个假想敌定律一定感同身受。你很弱时，没人把你当回事，甚至还会有人同情你，帮助你，对你比较友好。但当你的实力、职位接近他了，他就开始警觉了。到这时，你们之间就做不成朋友了，只有敌人可做。也就是说，此时你要么离开，要么打败他、超过他，至于携手并进之类的美事，是不可能出现的。

在中国机关中，平级机关人员或者相差半级的干部有很多，因为这是各方势力角逐博弈的结果。怎么和等级相近的同事相处，成了一种危机术和生存术。毫无疑问，等级越接近就越有危险。因为高你半级的人会有危机感，怕你随时都可能与他平起平坐，所以有机会就会打击你。而不管高半级还是一级都是上司，他们给你穿小鞋就危险万分了。同级的人则是必然的敌人，只要领导不是傻瓜，就一定会挑拨手下争斗，然后他坐收渔翁之利。

相差半级最危险

简单地说，你和上司之间等级差得越远，你对他的威胁就越小，而这个等级差距，就可被认为是缓冲。上司跟你之间有很大的等级差的时候，他当然愿意罩着你、保护你，并且给你资源，甚至提拔你，因为他需要你为他卖命，替他充当马前卒，干苦事累事得罪人的事，帮他挡雨挨板砖。可当你们只相差半级时，一切就都改变了，他不再信任你，不会再提拔你，甚至会越来越讨厌你，乃至于暗中打击，最后发展到公开对立，势如水火。

某国土部门的小刘刚调来时，只是一个不起眼的小科员，什么都不懂，但工作有干劲，在顶头上司李科长的眼中，他是一块可利用的好材料。因为年轻人刚进机关，一定比老人更有闯劲，更敢担责任。所以李科长对他特别照顾，给了他不少机会，同时也没少把一些得罪人的活让他干。

但是过了一年多，情况就不同了。小刘凭着自己的努力取得了更高一级领导的欣赏和认可，到了升职的时候。上级有意把小刘培养成后备干部，也就是说要破格提拔他，就先让他做副科，两个人只差半级。这时，李科长对小刘的态度就发生了180度的大转弯，由以前的照顾变成了打压。他先是在各种小事上刁难小刘，给他制造工作障碍，后来又私下警告他，说："小刘，你要明白这里谁是老大，别不知轻重，给自己找麻烦！"小刘很郁闷，心想我没得罪他啊，平时对李科长一直是尊重有加，内心把他当做自己学习的师长来对待的，以前关系也不错，怎么突然就水火不相容了呢？他想不明白，回家跟刚退休的父亲一说，父亲的一席话才让他恍然大悟："孩子，你现在是副科了，如果再升职，就是正科，虽说难点，但至少已经对他构成了威胁，他还能像以前那么对你吗？他现在巴不得让你走人呢。"

这种情况是很常见的，相差半级最敏感，因为你再上一步，就跟上司平级，那就意味着要取代他。这是多大的威胁？你是在夺他的江山啊！但在现实中，很多人升职后，与上司之间只相差半级，却并没有意识到危机来临，还像往常那样处理与上司的关系。棋差一步，反应又慢，就很容易让上司搞下来。皇帝提拔臣子，开始都是重用有加，倾力扶持，但当这个臣子一路高升，做到了丞相的位置上、大权在握时，皇帝就开始转变态度了，从扶持变成打压，从信任变成怀疑。因为丞相权力太大，对皇权是有极大威胁的。这时，皇帝就会扶植另一股势力、另一个人来制衡他。

你一定要记住，一个上司愿意把你当成亲信，是由于你对他没有危险。当你的上升对他构成了威胁后，你将不再是他的亲信，而是敌人。你们将是竞争对手，他随时会压制你，给你穿小鞋。稍不留神，你就会被挤走。

平级同事是天然敌人，别幻想有和解的可能

上司挑弄属下自相残杀，他在旁边看笑话，并且坐享渔翁之利，这是机关里的常态，也是中国几千年的帝王之术。在古代，帝王为了能更好地操纵臣下，就让水火不容的人分列同级，让他们互相竞争互相搏斗。只有这样，他才觉得自己是安全的，可以利用属下之间的矛盾玩平衡，整倒对自己有威胁的人，以保持江山的稳定。总而言之，下属斗则上司心安，下属合则上司心乱，聪明的领导绝不会坐视自己的下属团结无间，那样对他最不利。当然，他也不会希望下属斗得不可收拾，那样工作就没法做了，自己的领导也不会满意。

历史上，擅长玩弄这种权术的皇帝有很多，最有名的当数明朝的嘉靖帝和清朝的康熙。嘉靖扶植严嵩一党，又让徐阶、高拱他们入阁，就造成了两派不共戴天的抗衡局面，你死我活斗了十几年，结果就是皇权稳固了，没人能威胁到他朱家的江山。看着斗得差不多了，他才在年老的时候干掉了严嵩，把徐阶这些能干之臣留给自己的儿子。从这点来说，重用奸臣的皇帝其实并不昏庸，他清楚地知道哪些大臣是好官，哪些是坏官，只不过出于利益平衡的需要，他不得不让好坏同朝，善恶厮杀。"用小人来抗衡忠臣。"就是这种思路的体现。

康熙时，朝廷出现了明珠与索额图的党争，两个人都是位高权重，各自拥有一班人马，斗得热火朝天。康熙明知他们办了很多坏事，可就是不动手。因为他知道，两党相争，他尚能收渔翁之利，若一党独大，皇权就要受威胁了。所以直到明珠与索额图两个人斗得筋疲力尽时，他才将两个人的势力慢慢拔除，然后逐渐填补新人，给将来的新皇帝铺路。

记住，不管在什么时代的机关，上司一定会挑弄手下的矛盾。这是管理权术的一部分，他不希望看到属下走得太近，最好派系分明、互不相让才好，如此才利于他的操控。因为属下如果团结了，就会联合起来对抗上司。不但屏蔽了上司的信息通道，使他被孤立，还会有把他架空的危险。从另一方面讲，平级的下属之间，竞争的味道也很浓厚。因为大家是平级，谁也不服谁，可升职的机会又不多，越往上爬，就越是金字塔的上端，粥少僧多，当然就容易斗起来。对领导来说，这是天然可以利用的。所以团结多是流于表面，在一团和气的背后都是暗流涌动！

◆ 被"批评教育"的人，经常找自己的下级"批评教育"

领导被领导的领导批评，领导就会找自己的下属批评；而下属，如果不满，可以找下属的下属批评。所以当领导受到批评，最好躲远一些，小心当"出气筒"。

有这样一幅漫画，名字叫做《宣泄》：总经理心情很坏，就骂了下属一顿。下属转而又去骂自己的下属。然后这位下属很恼火又不敢回击，回家就把火发到了妻子的身上。妻子呢，又发泄到刚放学回家的儿子身上，狠狠打了儿子一个耳光。儿子气得一脚把小狗给踢飞了。小狗疼得汪汪直叫，跑出门去，恰好，总经理走过，又被疼得乱叫的小狗咬了一口。

这就是机关"转移定律"的生动写照：上司受了气，一定找属下发泄。然后属下就把这股火继续转移下去。这是因为人受了委屈或憋了一肚子气后，常常需要"释放释放"，正如火山需要喷发一样。明白了这个定律，我们就懂得要离心情不好的领导远一点，免得被误伤，而自己又去误伤别人。

汇报工作时看领导心情

好消息无论什么时候，只要上司有时间均可以进行汇报；但如果不是好消息，比如计划进行不顺利、项目需要追加费用、工程出了问题，甚至是更坏的消息，那么，除非事情紧急或万不得已，在上司心情不好的时候最好不要进行汇报，否则可能给你带来一些额外的没必要的麻烦。

有部香港电影有这样一个情节，说的是廉政公署的一位专员觉得自己近段时间工作不错，破了几个腐败案子，想升职，于是去找上司申请，却正碰上该上司挨了上级的骂，他升职不成，反遭冷遇，实在倒霉。但是责任仅仅在他不讲理的上司吗？显然这些无故挨训的人，自己的责任更大，因为他们不懂得找领导提要求的时机，不会揣摩办公室氛围，不善于体会领导的心情。

所以如果不想让转移定律伤到自己，最好的办法就是不要给上司在你身上转移情绪的机会。去找领导汇报工作之前，首先要做的工作是确定领导现在在做什么、心情怎么样。好消息当然不用太选择时机，但大多数人进领导的办公室都没几个是去报喜的。所以下雨时要备伞，以免领导的电闪雷鸣劈你一个晕头转向，这是在机关中必须要注意的问题！

转移情绪时点到为止

即使你是领导，一肚子的窝囊气想发泄出来，凑巧有个下属进来让你赶上了，你张开嘴巴就是一阵猛轰。有时候拿员工发发火是可以的，但千万不要骂得太过分，应该适可而止。而且打一棒子，别忘了再给点糖块，事后消除隐患。

在《三国演义》中，张飞是个性情中人，脾气暴躁，又爱喝酒，只要酒一上头，他就打下属，态度粗暴。不但拳打脚踢，还喜欢捆起来用鞭子抽，玩虐待。结果，关羽死后，张飞伤心过度，酒喝得更多了，脾气就更暴了，天天鞭打士兵，夜夜训斥部下。几个下属实在忍无可忍，趁夜溜进他的营帐，把他给杀了，将脑袋割下来连夜逃往东吴。这就是物极必反的道理，骂下属太过，反而丢掉小命。

所以做领导要学会控制情绪，做丈夫要尊重妻子的感受，否则就容易出现开头那个故事的最后一幕：转移定律的始作俑者，骂完人就让狗给咬了。

◆ 每升一级，人情味便减少一分

人情之于权力，就像兑了水的酒。

权力越高，兑的水越多，人情味就越稀薄。

明朝有个官员，他在乡试时是当地有名的文士，为人豪爽，朋友众多，而且也很照顾亲戚。但到最后他一路爬升，当了大官，进了京城，受到了皇帝的重用时，反而跟当初那些发小和亲友断绝了关系，只是每隔几年回家探一次双亲。有求他帮忙的，他均拒之门外，一概不见。当年的朋友，就这样变成了陌路人。

机关中的人情味定律就是如此，在机关中没有朋友和亲情，只有权力和利益。一个人每升一级，人情味就会减一分；职位越高，越没人情味，有的只是利益了。人情之于权力，就像兑了水的酒。权力越大，兑的水就越多，人情味就越稀薄，直到毫无味道。

为什么会这样呢？因为一个人爬到了很高的位置，他更重视的将是自己的利益，而不是人情。对他来说，人情就成了一个包袱，反而是有害无益的。所以我们反过来理解就会发现，一个人想往上爬，初期要靠人情。而当他爬到一定的高度时，人情就成了绊脚石。他就要调整思路，抛开人情，只论利益了。

第一，位置越高，求他办事的人就越多，如果还是很注重人情，那他就有摆不脱的麻烦，容易让对手抓住把柄。

不少机关人员都是栽在人情上，就像"朋友定律"讲的，机关人员不怕能力平庸，就怕朋友太多，剪不断理还乱，尤其再欠上人情债，就让人抓住了把柄。到时这些拿着"人情债"来求你办事的人，你不好意思推托，犹豫之中，就踏出了犯罪的第一步。所以一旦到了很高的位置，明智之举便是挥刀斩"情丝"，不要"为情所困"，别受亲朋好友的影响，一切以利益和法规为导向，才能让位置保持安全、长久。

第二，位高权重者之间是以利益为纽带的，你死我活，要么是盟友，要么是敌人，绝对没有人情的存在空间。

张居正在成为万历首辅之前，一直是受徐阶和高拱的提拔、保护的。他们联手对付严嵩父子，是坚不可摧的盟友，亦是师友关系。其情之浓，不亚于"周公共和"时的两位国公，既是工作关系，私下友情也很浓厚。但当严氏倒台，高拱成为首辅之后，高张二人的关系就起了微妙的变化，从盟友慢慢地转化成了政敌。张居正在太监冯保的帮助下，从高拱的手中夺得了首辅的位置，一跃成了大明朝的掌舵人。在这个过程中，可有人情讲？完全没有，谁若顾及当年联手对敌的情谊，对对方心慈手软，谁恐怕就会一败涂地。

机关就是这样，以利益为纽带，联系着每一个人。关系既复杂又单纯。复杂到可以笑里藏刀，今天是盟友，明天是敌人。无它，都是利益在作祟，每个人都在以利益为导向，构建自己的机关关系。人情算什么？更多的时候那只是一种可有可无的装饰，是笼络对方的工具。而单纯，则是撇去了人情世故，只有唯利是图，"唯权是图"。

◆ **机关办公室活跃程度和领导密切相关**

领导在办公室，大家的氛围是团结、紧张、严肃而不活泼；

领导不在办公室，大家的氛围是说说笑笑、活泼异常，没有丝毫紧张严肃之感。

领导在办公室代表的是什么样的一种角色呢？举个例子，当领导在的时候，办公室的气氛永远是"团结、紧张、严肃"，一点也不"活泼"；而领导不在的时候，气氛会变得异常活跃，人们可以海阔天空，说说笑笑、吹吹牛、聊聊球、侃侃新闻……天南地北、五湖四海，没什么话题是不能聊的，氛围轻松，心情愉快。

机关的这条活跃定律，体现的是权威的厉害之处：人人都怕领导，这说明领导是办公室气氛的"破坏者"。

监督的作用

办公室就像一个牧场，员工们是"羊群"，领导就是那个手持羊鞭的牧者。利益既统一又对立。如果没有牧者，羊群就要四散，无目的地在草场上游荡，这里啃一口，那边啃一块，吃草没有效率，草场也要被破坏。只有在牧者的驱赶和引导下，羊群才能做到秩序井然。根据"牧羊定律"来说，就是羊儿吃得饱，放羊的人能达到目的，草场也得到了保护。

领导在办公室起到的就是监督作用，虽然他在时高高在上，居高临下，一副不苟言笑的模样，气氛不会很活泼，员工的心情也不爽,但工作效率至少可以保证。如果只为了追求办公室的氛围,那么管理就失去了根本意义。很多人就会领导一来就努力,领导一走就撂挑子,他们只会在领导跟前表现,抱着投机心理工作。所以作为管理者,在合适的时机出现在办公室,举起鞭子,使员工各司其职,把主要精力用在工作而不是扯闲篇上,这是非常必要的。

好领导都是调节办公室氛围的高手

如果一个领导发现自己每次出现在办公室时,属下个个噤声工作,大气不敢喘一下,而自己走后,办公室马上就会传来欢笑声,那就说明他是不称职的,这种形态非常危险,对工作不利,对他自己也不利,因为更高的领导会不满意。领导不仅要让员工畏惧,更重要的是他的存在不能使工作气氛冷热不定两极化。好的领导者都是办公室的调节剂,他出现时下属工作更努力,他走后也不会有人把脚放到桌子上——发出"终于解放了"的感慨。

有一位办公室主任曾经向上级抱怨:"现在的管理工作真是难做,管得严了,属下在下面说你是周扒皮,跟仇人似的;可管得松了,给他们太多的自由空间,他们又都无法无天,工作效率上不去。"

上级对此当然心知肚明,就问他:"你每次到办公室去都做些什么?"

这位主任纳闷地回答:"监督呀,转一转,看看他们的工作进度,问问有没有什么问题,检查一下他们每天做的事情,防止有人偷懒！"

上级就给他出了个主意："以后你再出现在员工面前时，什么都不要说，也不要问他们具体的工作，甚至可以开开玩笑嘛，身段放低一点。工作方面的问题，你用单独谈话的方式，或者在部门的周会议上进行讨论，不要动不动就公开训斥下属。记住，你只要抓住结果就可以了，不要对过程进行监管。结果是好的，可以不问过程；结果不行，你再去审查他们的工作细节。"

主任照本宣科，带着上级的指示回去就开始试用这套新策略。不到一周，他就发现情况完全改变了。由于他不再总是板着脸出现在员工身边，办公室的气氛逐渐得到了缓和，员工慢慢地放松下来，渐渐地就习惯了变得温和的领导。但与此同时，部门的工作效率并没有降下来，因为他每周有固定的时间和方式对业务进行过问，员工只要在规定的时间内把结果交给主任就可以了。所以办公室的氛围变得既紧张又轻松，该主任的威信也得到了提高。

可见，活跃定律不是一成不变的，也并非无法打破。关键是领导者要率先作出改变和调整，给属下一个轻松的工作环境、舒畅的工作氛围，用恰当的激励和监督机制，保持员工的工作热情，领导在与不在，办公室的氛围都不会有太大的变化。对管理者来说，如何不再使属下对自己感到"畏官如虎"，审视一下自身的问题是很必要的！

◆ 领导在，加班才是敬业

如果领导下班没有走，那么下级就不能理直气壮地走。
而领导不在时，加班等于没有加班。至于加班的效率问题，可以忽视。

"月亮走我也走"，上司就是月亮，月亮不走你别走。加班定律告诉我们，必须在领导的眼皮底下加班，让领导看着你加班，你才有功劳，才敬业；否则就等于没加班。他实在没看见，你也要想办法让他知道你加班了。至于加班的效率，其实是可以无视的，重要的是在领导的眼中你留下了什么印象。

某公司，新来的小李聪明伶俐，经常加班到晚上十点，对工作非常投入。而且同事们经过观察，还发现了他加班有一个规律，领导在的时候，他肯定留下来加班；领导若走得早，他偶尔会加班，就像领导的影子一样。

有一次，同事小苏和他一起加班，这天领导不到五点就走了。大概晚上九点多时，小李特意给领导打电话，很认真地请教问题，说自己正在单位苦思解决的办法，想了半天也没辙，只好请领导给指点迷津。领导虽然很烦，但还是耐心地向他提示了解决的方法。挂断电话，小苏不解地说："这事很简单啊，查查工具书就能找到解决方法，何必问领导呢，我都可以帮你。"小李得意地说："是啊，这么简单的问题我如果不会做，还出来混什么。我给领导打电话，不过是让他知道，我在单位加班呢，他可以放心地在家看电视，在外面喝酒，工作的事有我顶着！"

小苏歪歪嘴，没吭声，心里很瞧不起他。第二天，领导到了单位，在会议上公开表扬了小李，说他自从来到本单位，是工作最努力、最辛苦，也是最有成效的一位职员，让单位的其他员工都向他学习。小苏这才缓过神来，明白了小李的良苦用心。鄙视也罢，瞧不起也罢，总之，不久小李就升职了，加班比小李还多的小苏却没什么机会，领导也很少夸奖他。

小李知道领导是需要讨好的，加班是讨好的绝佳方式之一。但前提是，你必须让领导看到自己在加班，而不是埋头干活，不知在领导跟前表现。所以有些人就只有苦劳，没有功劳，累个半死，却一点效果没有，不如那些只会耍滑头的人得宠。比如小苏，来的时间再长又有什么用呢？领导看不到他的努力，也不知道他很努力，反而比不上小李混得如鱼得水。

机关加班的技巧：

一、加班要让领导看见，陪着领导加班，就是最好的表现。因为人都有一种寻求患难与共的心理，一般领导加班也是不情愿的，谁不想下班休息啊！此时如果他看到一名员工也在陪着自己孤军奋战，可想而知他对你的印象会有多好！他对你简直会有一种油然而生的亲切感！

二、加班也需要一定的效率，并不是坐在办公室对着电脑看一晚上，再让领导看到，就算成功的加班了。你必须有事情可做，具体说来就是得让领导知道你在做什么事，比如小李适当地向领导请教问题。即使领导很烦，但他至少体会到你不是在故意耗时间。另外，也会让领导体验到一种高高在上的满足感，他觉得你需要他的指点。要知道人都是有虚荣心的，领导也不例外。时间长了，他肯定会给你晋升的机会了。

第九章　朋友多了路未必好走——机关办事找说了算的人

　　找人办事，找十个小人物不如找一个大人物。说了算的人才能真正帮你搞定头疼的事！人在职场机关，想找人办事，得先把备选的人分析一遍，到底哪个是一号，哪个只是二号、三号，找准目标再行动，否则就可能办不成事情，还挨一顿整。

◆ 找说了算的人

不管办什么事，一定要找对人。

当家才能做主，不能当家的人，无论给你多大的承诺，都可能泡汤。

　　机关中很讲究"说对话，找对人"这六个字，话说给了不该听的人，你就惹了麻烦，留了隐患，因为他可能把话到处传播；事情找了说了不算的人去办，你就等于白白扔了一堆"投资"，因为他没有这个能力替你办事，而你还得搭上他这层关系。另外，找错了人也意味着那个对的人让你得罪了,将来再去找他,事情就不好办了。这就是办事定律:办事要找说了算的,靠山要找稳得住的,否则再大的承诺,也等于一团空气。

事要办,就要找对人

办事找错人的后果是什么?清末百日维新的那帮人相信一定感触最深,作为手无缚鸡之力的书生,他们要完成救国救民的大举,就得借助军队的力量,这个决定是没错的,但他们找的人是袁世凯。袁世凯当面答应得很好,转身就把他们出卖了,向慈禧告密,并把他们逮捕,向朝廷邀功请赏。

这当然是后果最严重的找错人,在机关中,这种事不是很频繁。我们最常遇到的,就是托人办事或寻找政治盟友这样的利益争斗。但如果所托非人,或者找的盟友其实是对方阵营中的,结果也一定是很"惨"的。

小张想到某部门办点事,苦于没有门路,朋友就为他介绍了该部门的一位科长,说他一定能帮得上忙。小张就兴冲冲地去了,还买了一堆水果带过去,结果这位科长忙活了半天,也没给办下来。

回来一打听,原来负责这件事的是另一位姓齐的科长,小张急忙又买了些礼品去找齐科长。白天在单位,齐科长正因为看见他是另一位跟自己有矛盾的科长领来的,才故意不给他办事的。现在见小张又来求自己,心想,现在想起我来啦?晚了!我非出口气不可,让你们知道,这里到底谁更有分量!出于这种心理,无论小张怎么求他，齐科长都一副公事公办的样子，愣是把这件事拖了两个月，直到小张去求了自己的上级，才把这件事情办成了。到这时，小张光送礼，就已经花了三千多元，精疲力竭，苦不堪言。

这个故事的警示意义是很重要的，人在职场机关，想找人办事，得先把备选的人分析一遍，到底哪个是一号，哪个只是二号、三号，找准目标再行动，否则就可能事情办不成，还挨一顿整。身在机关要找个靠山，道理也是一样的，就是要找那些真正有力量的，别找到最后傍了一个跑龙套的角色，给小弟当小弟，那种滋味可一点也不好受！

当家才能做主，每个人都想说了算

因为，机关的每个人都想说了算，所以都想往上爬，抓实权。而有实权的人也是贪污最严重的。你想一想，能抓住权为别人办事，一是风光的；二是有机会收受贿赂，哪个机关人员不向往这种生活呢？

所以办事定律的背后，其实反映的是机关中人人争权夺利的残酷现实。由于缺乏有效的监督，使得一些实权位置简直成了没人管的山大王，名副其实的肥缺，人人都想坐到上面，吃个肚饱腰圆。从本质上讲，这些人岂不都是拿着礼品和钱找他们办事的人养肥的？

对待这种现象，我们第一应该保护自己，在不违法的基础上，办事当然需要找对人；第二，坚决遏制送礼之风，如果人人都坚持不送礼，遵循法定程序去办事，也就断了这些机关人员的非法念想。当机关人员在实权位置得到的非法好处越来越少时，机关上的唯权之风也会得到极大的打压，风气就会慢慢地正过来。

◆ 开会时最后发言的总是说了最算的领导

机关中，最后发言的多是掌握大局的，经过一番争论，领导需要最后发言定乾坤。

另外，最后发言的机会也是最佳的，因为前面人的观点再好，也不能面面俱到，领导只要完善一下前面的观点，就可以体现自己的优秀了。

每个人都想成为会议上最后发言的人，因为那是领导的位置。但你知道说了最算的领导为什么总喜欢在会议的最后才发言吗？这里就涉及了机关的发言定律：最后发言的一定是拍板决定的人。前面的人讲得再多，也抵不上他在最后讲的一句。

第一个发言的是出头鸟

我们经常在影视剧中看到这样的情景，开会了，领导让大家畅所欲言，有个人马上蹦出来，慷慨激昂地讲了一番自己的观点，接着就遭到大家的反对。

开会时，第一个发言的通常有两种原因：一、他需要急切地表达观点和需求，说明这个会议对他很重要，时间不等人。二、这样的人往往都是出头鸟，抢着发言说明他不懂机关，跳出来替他人做嫁衣，帮别人验证某种观点到底受不受领导欢迎，如果领导满脸不悦，后面那些本来也持这种观点的人，恐怕就得悄悄地调整了，而第一个出来碰枪口的人就成了牺牲品。

有些人喜欢抢先发言，是因为他有事业心，想出风头，但这种风头是一定不会有好结果的。所以在会议室，切忌当第一个开口的人，应该把发言的前三个机会都留给别人，自己则静观其变，争取不鸣则已，一鸣惊人。

领导的发言有引导性，所以要最后讲

从另一方面讲，正因为领导的发言往往具有引导性，所以他会选择在最后发言，避免让手下跟风，听不到他们的真心话，听不到更多角度的建议。因为领导一开口就是"金玉良言"，就代表着某种选择的倾向，是他个人喜好的一种体现。

领导如果率先表了态，对会议的讨论气氛就是一种最大的伤害。某路政单位内部会议上，作为负责领导的孙主任急于大干一场，大家还没介绍自己的想法，他就先拿着针对市里某条道路的整改问题，把酝酿已久的思路酣畅淋漓地讲了一遍。结果，下属们在发言时，全都成了跟屁虫，对主任的想法大拍马屁。即使有异议的，也都临时作了修正，在总监的思路大框架下，提了一些不痛不痒的相反意见。会议的气氛完全变了，根本起不到实质的作用。

事后，局长把他叫到办公室，严肃地问他："你知道自己错在哪儿吗？"孙主任很清楚自己的失误，他虚心地接受了领导的批评，以后再有会议，他就变得安静了很多，不到万不得已，自己绝不在会议中插言。

领导需要集思广益，再最后定夺

开会的目的是讨论，领导最后发言的目的则是留出足够的时间和空间，鼓励大家把想法都说出来，有利于集思广益。他可以综合所有人的想法，再结合自己的一些思路，最后作出最明智的决定。也就是说，领导最后发言其实不是因为摆谱，而是站在全局的角度，他需要这么做。他只要完善一下前面优秀的观点，作个总结，就可以了，省时省力，又能充分利用下属的智慧，肯定他们的努力，实在是一举多得。

但是一旦某个权威或者领导发话，那么其他人就会受到很大的影响，这是对讨论本身的伤害。所以也有人发明了NGT（名义群体法）方法，即：大家先不交流，封闭思考，把各自的想法写下来，由会议的主持人汇总后发给大家，再进行讨论。这样的话，每个人就能够发挥独立思考的能力，可以不受他人的影响，领导也能看到所有人是怎么想的，从而不影响他综合大家的智慧，使团队的力量达到极致。

因此不管怎么说，为了保证大家都把想法说出来，领导最后的发言还是很有必要的。从另一个角度讲，如果你要看清谁是真正的领导，可以到他们的会议室去，最后发言的那个人，八成就是掌握实权的人。

◆ 机关中的关系法则

没有关系不行，过远不行，因为会被人孤立；关系太近、太多，也不行，可能会被莫须有的问题拖下水。总之，想要做到合适的关系，就要处处经营，不要织网不成反被网套住。

机关中是很讲究关系的，因为关系就意味着门槛。朋友多了好办事，这话放在机关中更是至理。有朋友，就代表你有盟友，有近水楼台先得月的好机会；有朋友，你就能联合多数对付少数，靠关系得到普通人得不到的东西。但与此同时，朋友又是一柄双刃剑，关系还是一张束人亦束己的网。它能网住别人，也能套住自己。这便是关系定律：没关系太少不行，关系太多也有坏处。

在机关中，朋友多了路未必好走

人在机关，关系就是一张网，靠这张网可以横行天下。所以才有话说，有本事没关系的吃苦饭；没本事有关系的跟着吃；有本事又有关系的不愁吃；没本事又没关系的看别人吃。总之，不管有本事和没本事的都在拼命拼关系，为自己寻找立足点，而那些有关系的，则不惜一切地巩固自己的关系，扩大同盟的阵营。

但是关系太多了，朋友成群，日子就一定好过吗？机关中的路就一定好走了吗？从此就没危险了吗？也不尽然。关系会成就人，也会害人。比如，重庆巫山县前交通局局长晏大彬，2008 年，他因犯受贿罪被判处死刑，落入法网后才后悔万分地把自己的堕落归结于滥交朋友："一旦误入歧途，就会被他们牵着鼻子走。"朋友太多了，难免鱼龙混杂，指不定谁就把你带坏，领着你跳进坑里。大家一起变坏、作恶，到最后东窗事发，这难道不是关系害的吗？

尤其是如果你交上了一些别有用心的"朋友"，对自己的权力有所求的"朋友"，甚至不加选择地和一些黑恶势力交朋结友后，便会使自己迷失前进的方向，走到邪路上，而且一旦误入歧途，就会被他们牵着鼻子走，欲罢不能了！

喜交天下"朋友"，却又被所谓的"朋友"拉下水、拖下马的远不止晏大彬一个人。每一个落马的机关人员，他们的背后都有着各种各样的关系在作祟。可以说，他们成于关系，也败于关系。一个腐败机关人员的背后，往往都有一群追腥逐臭的"亲朋好友"。特别是当其权力越大、地位越高时，"亲戚""朋友"更是纷至沓来。其实他们根本不是真正意义上的朋友，他们之所以会主动地与你套近乎，目的只有一个，那就是看中了你手中的权力。所以一些机关人员在位时常挂在嘴边的"好朋友""铁哥们"，其实都是一些可能随时给自己埋下"定时炸弹"的"掘墓人"。像这样的关系，不要也罢，越多越危险！

没有关系，同样寸步难行

有一个在机关混了一辈子的人，给他的孙子讲爬树的故事。他是这么说的："你要爬上一棵树，首先应该怎么办呢？拼命地抱住树干，用全身的力气往上爬，爬不了太高，你肯定就没力气了，一个人的力气终究是有限的。所以你得先寻找可以借力的树枝，抓住它，借助它把自己拉上去，然后踩住这根树枝，再向上寻找新的树枝。"

这个人通过爬树的故事，很巧妙地灌输了怎样混机关的诀窍，那就是关系的妙用。人要借着关系往上爬，爬上去怎么办？再找新的关系，更高一层的关系，再向上进发。这里有一个原则，就是你寻找的关系，必须是向上的。比你低的这些关系，则要踩在脚下，防止他们反过来挡住你的双脚。必要时，甚至可以把它们折断。

机关中要交朋友，但要有选择性。对自己有利的朋友，一定得交。但那些只是有求于自己的，已经没有利用价值的，则是潜在的让自己犯错误的"病毒"，要毫不犹豫地予以杀除。也就是说，关系有好坏之分、利弊之分。没关系，你会被孤立；关系太多，你又会像爬树一样，被这些繁杂的枝枝杈杈包围，无法顺利地前进，而且还有掉下树的危险。

因此身处关系之中，第一要义在于防止权钱交易，这是大忌；第二原则就是对关系，我们可以依附，但不要依赖。依赖就会被人抓住弱点，被人利用，让事态脱离自己的掌控，最后被拉下水，悔之晚矣！总体来说，关系是用来利用的，而不是用来依赖的。

◆ 春风得意时数量多但真的少，身处逆境时数量少但真的多

春风得意时，真朋友假朋友一起祝贺，其中有希望可以分到一杯羹的，也有是对手的间谍，假意逢迎的。落马的时候，只有真朋友陪在身边，分羹的唯恐被殃及并卷入其中，而间谍则正是落井下石的家伙。

机关无朋友，职场朋友少。一个人的职位越高，朋友就越少；地位达到最高时，一个朋友都没了，即使以前的真朋友，也因为你的变化太大，而离你远去；趋近你的，围着你转的，不是小人，就

是想通过你得到利益的人。这些人对你曲意逢迎、鞍前马后，忙得不亦乐乎，但只要你一落马，立刻树倒猢狲散，跑得无影无踪。最后留下来的那个人才是你真正的朋友。这就是朋友定律。

机关中只有利益，没有朋友

有人说，真正的朋友，一是随时可以借钱的；二是随时可以打电话的。想想看确实有道理，但在机关，这两者也都靠不住。因为你春风得意时，每个人都想借给你钱，都想随时接到你的电话。一旦你出了事，情况就不同了。有钱的变成了"穷鬼"，有时间的成了"大忙人"，平时跟你熟的瞬间化为"陌路人"。到那时你才知道，原来他们都是假朋友，以前的热情不过是在演戏。

在机关中，人与人之间更多的是利益关系，少有的是朋友关系。双方有共同的利益需要时，就会结成盟友、死党。当利益相对或者消失时，马上就会变成不共戴天的仇人或者冷漠无情的不相干者。

《三国演义》中，刘备跟吕布的关系一度不错，还曾经一起并肩战斗过。在吕布困难时，刘备收留了他，但反过来吕布却得寸进尺，占了刘备的地盘。于是，当曹操把吕布抓住，准备砍他的脑袋时，吕布求刘备为自己说句好话，刘备把头一歪，心想这时不借别人的手除了他，日后还得披着朋友的皮干欺负人的事！

自身的利益需要，决定了我们会跟什么样的人做"朋友"，或者做"敌人"。在机关中，很多人好得穿一条裤子，不过都是在逢场作戏罢了。

战国时期，李斯和韩非子都是荀子的学生。在尊师重道的古代，这个关系就很不一般了。后来韩非子到了秦国，李斯跟他相处得也不错，在外人看起来，他们既是同学，又是同僚，拥有很坚固的盟友关系。但最后，两个人在是否灭韩上出现了分歧，而李斯又嫉妒韩非子的才能，生怕他将自己取而代之，于是就把韩非子给害死了。这就是典型的利益冲突改变了朋友关系的案例。

珍惜逆境中的朋友，为自己留条后路

要想看清谁是自己真正的朋友，就得在逆境中验证。一个人倒霉时，谁还站在他身边，和他并肩战斗，一起承担风险，谁就是他的朋友。所以我们尤其需要珍惜从水里把自己拉上岸的人。他就是你的后路，也是你可以依赖一生的朋友。

唐代有一个官员叫许胜，他春风得意之时，前呼后拥，什么阿猫阿狗的都来了。许胜逐渐眼高手低，瞧不上那些以前读书时结识的穷哥们，对他们的态度变得很冷漠，还特意交代门房，有当年的穷哥们前来拜访时，就说自己不在家，别让那些人进来。他专营于巴结上司，结交权贵，一心只想往上爬。

但是有一天，他得罪了长安的一位皇亲国戚，被夺去官职，打入大牢，折磨得半死才放出来。虽然被证明是冤枉的，但经此一事，同僚们没人再敢与他交往了，他的官运也就到了头。许胜愤懑良久，什么手段都使了，但在机关中仍是混不下去，只好辞官回乡。昔日的荣光变成了今时的落魄，老家那些前阵子还攀附他的乡绅，也装作不认识他了。只有被他拒之门外的那几位穷哥们，凑钱买了酒和肉过来看望他。他们不但热情如故，还劝他不要灰心，等待机会卷土重来。

许胜握着他们的手，痛哭流涕："当日我还将你们挡在门外，现在才知道，我关在门外的才是真正的宝玉！留在房内的不过是粪土一堆啊！"

从这个故事中我们可以看到，顺境时的朋友水分大，逆境时的良友才是金石。每个人都应该为自己储备几个这样的至交好友，无论遇到什么情况，都能始终站在身边，给你强力的支持。人在机关，狐朋狗友不能少（他们有利用的价值），君子之交宜须有（体现风度和境界），而能拉你出水的"救命友"，则是最不可缺少的！一个人只有拥有这样的朋友，他才有资本在机关混！

◆ 上级指导越多，经费越多

上级来指导工作，表示上级对此项工作的关注。而关注就意味着经费的补贴，相反，不关注的项目和部门，自然经费就短缺。

我们经常看到某些领导到某地、某单位或某项目基地视察指导的新闻，有些人一看到这个就撅起嘴巴，"哼"的一声表示不屑，认为这是毫无意义的假大空，浪费公款，搞面子形象，无非就是一群机关人员凑一块儿吃吃喝喝罢了，一点正经事没有。

但这只是局外人不知内情的感慨，事实上，你千万不要小看上级来指导视察，这里面其实大有名堂，不只是公款吃喝、免费旅游那么简单。因为上级前来指导得越多，受到的关注就越大，该单位或项目得到的经费，也就会水涨船高。这就是经费定律。一项工作开展不开展，开展进度的快慢，往往是由上级机关人员的个人意志决定的。

美国2002年的时候开展了一个太空领域的科技项目，由两位科学家共同负责。但是研究进行到一半时就无法开展了，因为资金短缺，连个人的积蓄都用上了。那时，美国政府的精力和大多数经费全用在伊拉克战争上了，因此航天项目受到了极大的影响，关注度不高。所以尽管两位负责人提出的设想很诱人，几次申请，政府部门也没有进行投资的意向。

后来，一位科学家就想了个办法，他跑到美国太空署，把一位高官"骗出来"，请他去自己的研究室看看。同时他找了几个记者，将该高官去研究室的情形拍摄下来，制造了一个政府部门高官视察他的科研项目的假新闻，卖给了纽约一家电视台，这等于作了一个广告。结果新闻一播，太空署很不高兴，就把科学家叫过去"问罪"，说你怎么可以这样，谁批准那个机关人员去考察了？科学家一脸无奈地说："我有什么办法，再不这样，几十名科研人员的心血就要白费了。"新闻播出不久，波音公司就找到了他们，表示愿意给他们的项目投资。他们当然是看到了太空署官员去他的研究室"考察可行性"的镜头，无论新闻是真是假，那位高官却是货真价实的。因此，投资方就从这里面感受到了今后巨大的商机。

美国是这样，我们国内一些部门也有这样的现象。项目唯上级的意志，经费看领导的喜好；领导喜欢什么，关注度立马就上升。就像足球这个行业，在有些地方，领导不关心，成绩就不好；领导一过问，立刻就有许多企业拿着钱去赞助球队。一些冷门项目无人问津，上面的经费也就拨得很少很慢。相反，领导前呼后拥视察过的项目，经费却是丰盈异常。

这里体现的就是一种"拉钱"的谋略：想找经费，就要先寻找领导的关注。只有把你的项目列为领导的政绩，你才会有充裕的经费。领导看不上的项目，对他的政绩没有帮助，他就很难去"指导"，相关的部门见风使舵，也就不会对那个地方追加投资了。这其实就是领导效应。领导关注的东西很快就"升值"，领导不关注的东西就一直处于"贬值"中。

◆ 向上爬，一定要保持梯子的稳固

把根基垫牢，进退才能有度。想要向上爬，一定要保持梯子的稳固。不然，当你倒下来的时候，梯子可能会砸到你！

这条定律是美国管理学家蓝斯登提出来的，向上爬当然是机关人员的目标，谁不想坐上炙手可热的位置呢，谁又乐意一辈子原地踏步呢？机关就是一个人人唯上、人人向上挣扎的名利场；机关成功的唯一标准，就是屁股坐得有多高，手中的权力就有多少。

但是有想法不代表就一定能实现，它还有一个方法的问题。因为一个人爬得越高，对梯子的稳定性的要求也就越高。如果你的梯子不稳，也就是基础不牢，爬不到一半就可能掉下来，不是摔死就是被梯子砸死。爬上去"会当凌绝顶"当然很风光，但半路摔下来的情景也是极悲惨的！自己摔得惨不说，旁边还有等着看你笑话的人！

所以蓝斯登就说，在你往上爬的时候，首先一定要保持梯子的整洁和稳固，否则你下来时可能会滑倒，或者爬不到最高顶，梯子就折断了，啪，你从上面一头栽下来，摔个仰面朝天。

怎样才能避免出现这种情况？蓝斯登提出的解决办法是：一个人要做到进退有度，才不会进退维谷；一个人方方面面万事俱备，才能做到宠辱不惊。也就是打好基础，下盘稳了再想下一步，不要急于冒进。否则，一旦重心不稳摔倒，后果是极其不妙的。

三国时期，司马家族的崛起史是一个很好的例子，司马家族从司马懿开始，就为曹操打天下，历经曹魏三代帝王，权力越来越大，发展到了对魏国政局举足轻重的地步，司马懿始终隐忍不发，暗中蓄力，广植党羽，直到积蓄了足够强大的势力，保证万无一失时，他的儿子才一举颠覆魏国，吞并吴蜀，使得天下三分归晋，正式当了大一统皇帝。用物理学的话来说，用10牛顿的力就可以达到的目标，司马一家足足积累了100牛顿。

这份耐心，想来我们今天的人是难拥有的，我们现在想要的只是快点向上爬，马上实现目标，想要就得能得到，恨不得一分钟的时间都不要等待。就像爬梯子，梯子还没放稳，也不看看这块地是不是有点松软，搭梯子的位置是不是够结实，人就飞蹿上去了，四肢并用往上爬，怀着侥幸心理，一相情愿地认为在自己爬上房顶之前，梯子是绝不会出问题的。但是根基不稳，爬得太快，掉下来也快。野心太大，是不会有好下场的，除非你能隐藏极深，不让人看出自己的野心，并小心翼翼、慢步前行，这是最安全之策。

某单位新来不到一年的科员陈某，很有能力，理想远大，工作努力，初来乍到，就为单位解决了一项重大难题，深得领导的赏识。陈某一看机会来了，就要求升职，请求领导给他更大的责任。

领导本来想再让他锻炼两年，但见他求战心切，再说他的能力确实很强，帮了自己不少忙，就破格提拔。结果，这遭到了他人的不服，有的人就抱怨：只是因为一件事做得好，就被提拔，我们在单位这么长时间，做过多少事情，凭什么？！

升职以后最怕的事情出现了——他遭到了下属和同事们的联合抵制，纷纷在后面挖他墙脚，背后捅他刀子。具体说来，就是工作中不配合，外加打小报告。此后，陈某工作进展很不顺利，上级这才发现陈某和其他人的关系很不好，于是对陈某的能力开始有所怀疑。毕竟不能因为某个职员，而得罪一群职员。不久，陈某在这个部门待不下去了，只好外调其他部门。

生活中有句名言：心急吃不了热豆腐。在机关中，这和蓝斯登定律是异曲同工的，吃豆腐之前，总得作好充分的准备；向上爬的时候，也要看清现实，把梯子摆好，看看能否撑得住自己的体重，顺便还得把退路留好。一旦梯子歪了，我怎么逃生？一个混机关的人，如果连这点危机意识都没有，那在机关也不会有什么出息。捧到一块豆腐，迫不及待地凑上去，一定被烫成猪嘴。看见一把梯子，什么都不想就往上爬，也一定会被摔断腿。要知道，机关中有升职就有降职，有人爬上去，自然就有人掉下来，怎么才能让自己成为前者，而不是后者呢？先看看自己的梯子是否坚固再说吧！

◆ 头脑拥有两种相反的思想，对行事却无碍

　　如果你同时拥有两种相反的思想和情绪，但是这些却对你的行事无碍，你仍然能够作出正确的决定，那么，你的智力一定属于上乘，成功的概率也更大。

　　法国社会心理学家托利得认为，测验一个人的智力是否属于上乘，只看脑子里能否同时容纳两种相反的思想而无碍于其处世行事就可以了。因为这意味着一个人是否能够容忍相反的观点，是否能够宽容地对待与自己不同的声音。在机关中，这尤其重要，几乎是作为领导必须具备的一种基本素质。如果一个领导总是无法容忍不同的意见，那他在领导的椅子上是坐不长久的。

　　这就是机关中的托利得定律：宽容地对待不同的思想，但又不影响自己作出正确的决策。

机关人员要能装得下刺耳之言

作为领导,难免会遇到下属冲撞自己、对自己不尊重的时候,或者对自己的思路极度不同意,提出的想法让自己完全不认同。

宋朝的太宗皇帝就经常遇到这种情况,大臣的思路老是和他有冲突,还死活不向他妥协,甚至大吵大闹,唾沫星子都飞到他的脸上,可以说是严重对立。大臣敢对皇帝如此强硬,称得上是大逆不道了,换成汉武帝、秦始皇那类霸君,早气得命武士拖出去斩首了,但宋太宗既不处罚,也不表态,装装糊涂,行行宽容就过去了。

他对臣子的任何想法都能装得下,但在作决定时,又能不受到他们的过分干扰,是个心里很有数的皇帝。这么做是英明的,因为既体现了皇帝的仁厚,又体现了他的睿智,还保全了下属的面子,让那些大臣对他很尊敬,更是死心塌地地忠诚于他。宋朝的言路广开,形成了一种极度开明的政治文化,多元化并存,跟宋太宗的行事风格是分不开的。

一战前,德国首相俾斯麦与国王威廉一世就是一对这样的完美搭档。德国当时的强盛,不只是俾斯麦这个首相居功至伟,威廉皇帝的宽宏大量也起到了巨大的作用。

当时,威廉一世回到后宫,经常砸东西、摔茶杯,看上去气得要命。这时皇后就会问他:"我尊敬的皇帝,您是不是又受了俾斯麦的气?"威廉一世直言不讳地说:"是的,我快被他气疯了!"你看,他都气成这样了,但对俾斯麦仍是信任有加,说明他就是一位大度能容的好领导。也正因此，德国才能如此强大。相同的例子还有李世民的宽宏和魏征的直谏。

什么是好领导的标准？威廉一世和李世民就是实例。再大的刺，他们都能吞得下，装得住，不会因为下属说话刺耳，就动用手中的权力公报私仇，打击报复，而是公是公，私是私，个人荣辱置于一边，理解属下的公心，给他们创造最好的工作环境。

容得下刺耳之言，意味着能听得进不同的意见，甚至是批评。这样的领导心胸宽广、眼界高，他在机关的前途当然也是非常远大的。允许不同的想法，并从容地作出决断，这才是聪明人的表现，也是一个人欲在机关中有所作为必须拥有的一种优秀品质。

兼容并包更益于决策，多听方能不偏信

托利得定律的核心思想是：思可相反，得须相成。人们在商量问题的时候，是可以广开言路、求同存异的，我们要想把事情办成就需要人人相互协作，相辅相成。这样，办事效率就会最高，犯错的概率也就越低。

一个人，特别是领导，他在做事时，假如能够做到三思而行，充分考虑不同的意见，尤其是一些与自己主张相左的意见，那他就可以全面地审视自己，周全细致地思考问题，免于偏颇，从而不断地调整自己的方向，作出正确的决策，这正是一个出色的决策者所应具备的优良品质。

不过，包容也不是做好好先生。只是说对于规则范围内的争论和思想的交锋，可以允许大家自由发言；对待下属的微小过失，上司也应有所容忍和掩盖，理解别人与己不同的行事思路，但绝不表明做领导的要把头埋进沙子当什么都看不见的鸵鸟。宽容有一定的尺度，原则就是不伤害集体和自身最低限度的利益。

◆ 学会做没用的事

> 所谓一流的政治家，他甚至可以许诺，在没有河的地方建桥。

政客靠嘴生存，是全世界的机关法则。美国一到大选年，各路政客就开始了表演，向选民许诺无数看起来很美的计划，但当他真的坐到了那个位置上，就好像得了失忆症，以前说过什么全都忘了。因此有人讽刺地说："一个政客在当选前可以解决一切问题，但仅限于当选前。"

在机关中，做没用的事情是大多数人正在做的。他们知道干实事的职员虽然很受老百姓欢迎，但却很难打动上司。而且干实事往往见效慢，弄不好就成了前人栽树，后人乘凉，给自己的接任者做了嫁衣。所以基于此，大多数职员就开始务虚不务实了，耍嘴皮子功夫，吹得天花乱坠，纸上谈兵，可惜全是美妙无比的画，落不到实处。

政客定律体现的就是两个方面：

第一，机关人员为了得到重用或某个位置，什么承诺都敢许下。

像在选举社会，每一位政客为了当选都要迎合选民，所以嘴巴的功夫是不能次的，每个人都胜过脱口秀女王。很多时候，就不得不开出空头支票，否则你吹得泡沫不够大，竞争对手比你的许诺更诱人、更动听，你就很难当选了。

第二，机关人员总是喜欢作秀，"放卫星"是他们捞取政绩的一贯手法，曝光率是他们追求的东西。所以我们就看到越来越多惊世骇俗的事情，其中的始作俑者，不乏我们的机关人员。

比如，江苏的一个贫困县，竟然拨款350万建"山寨版世博中国馆"。 还大义凛然地说：中央没有禁止的，都是可以做的；这个雕塑是应群众要求建设的，目的是弘扬世博文化精神，展示我们地方的新形象。还有些地方，前阵子搞过山寨鸟巢的风潮，似乎不闹点动静，上司就不会注意自己，领导就不会提拔自己，完全不顾及当地百姓的声音，不倾听他们真实的需求。

其实早在两千多年前，这条定律就已经在起作用了。汉武帝的宠臣东方朔跑到朝廷求职的时候，为了吸引皇帝的注意，就曾在嘴皮子上下过工夫，务了一把虚。他在呈给皇帝的文章中疯狂地赞美自己，说自己是全天下头一号的美男子，帅呆了，像自己这样的人才，不为皇帝效力，那简直就是不能容忍的事。全篇下来，没一句是讲述自己的治国之才的，从旁人的角度看，全是没用的废话屁话。但是汉武帝一看就乐了，觉得他很有特点，于是就给了他一个官做，后来还做到了很高的位置，成了汉武帝身边的一位知名人士。

有了这位老前辈做榜样，因此，也就有了后世很多的效仿者，务虚不务实的投机者就日益增多，却没有看到东方朔真正实干的地方。他们认为只要能引起上司的注意就可以了，但是"空谈误国"。只做表面工程，即使被关注，也只是负面的关注，不但没有造福于民，还会丢掉自己的前程。看来，有志于在机关出人头地的你，还是应该尽量与这条定律保持距离吧！

第十章 学会用左手剪指甲，因为你的右手未必永远管用

剪指甲，多数人都是用右手，但我们的右手未必永远管用，所以学会用左手剪指甲，还是很有必要的。机关是个变幻莫测的争斗场、名利场。一个人只有作多手的准备，事事都为自己提供多套选择方案，才能游刃有余。狡兔有三窟，才可进可退，进可攻，退可守。

◆ 为什么一个人越被人骂升迁得越快

卖衣服的人都知道，挑衣服的人才是真的顾客。

在机关中也是如此，被骂的那个往往受到关注，上司希望他做出什么。而骂得越多，就表示指点越多，自然提升也就越快。

和珅整天被乾隆骂，这事办得不行，那事办得一塌糊涂，但和珅官运亨通，青云直上，权倾天下，直到乾隆死了，继任的皇帝嘉庆对他还是客客气气，一句也没骂过他，但是很快嘉庆皇帝就把和

珅杀了。相反的是，刘镛那样的大臣是很少挨皇帝骂的，但却很难升迁，最风光的时候也难以达到皇帝宠臣的地步。这就是机关中的挨骂定律，很奇妙，但自有它的道理。

挨骂说明受领导关注

上司喜欢你，才会希望你事事都做得好，一旦不如意，就得训几句。这跟买衣服是一个理儿，看几眼就走的，肯定不会掏钱买，拿着衣服挑来挑去，"这里有毛病，那儿不合适……"反而是这样的顾客，他才是那个会掏钱的消费者。在机关、职场中，上司对待下属，也有这种心态，恨其不成器，才会怒火冲天地把他训个劈头盖脸。如果一点兴趣都没有，甚至打算开除一名下属，他才不会浪费口水惹一肚子气呢。

某单位一个姓赵的部门主任，经常让局长骂，不定哪时候就被秘书叫过去，这时员工们就听见里面地动山摇，局长的声音像打雷一样，大家都担心赵主任能否挺得住。有些人就说："唉，前途堪忧啊，局领导明显不喜欢他呀！你看，恨不得活剥了他呢！"可是没多久，奇怪的事情发生了，赵主任竟被破格提拔，成为了局长助理，而且有望被更上一级的领导升为副局。

大家想不明白，为什么一个总是做"错事"的人会升职？其实他们应该想到的是，为什么赵主任能够得到这么多"做错事"的机会。在机关中，挨骂的都是些勤劳能干的人，也都是锻炼机会多的人，通常也都是领导的"自己人"。而那些懒汉无事可做，十天半月见不到领导的面，当然也就没有挨骂的机会了。这样的人不是领导自己的人，得不到重用，常处于被冷冻闲置的状态，自然更是很少挨骂了。可是，他们的前途也是为零的。

所以挨骂就具备了两种好处：

一、被下面骂，说明他替上面顶了雷，背了黑锅，有付出肯定有回报，好事！

二、被上面骂，说明上面重视他，否则根本不会理他，自然也不会骂他，又是好事！

不挨骂反而是危险的

只有两种人不挨骂，一种是最大的领导，最顶头的上司，或者老板之类的人物；另一种，就是那些绕着事情走的庸人，拣好做的事做，挑简单的工作，一点错误不犯，可是从没做过回报率高的事。在领导的眼里，这样的人价值就是零，满大街都是，也就不值得骂，不值得关注。

如果你没挨过上司的一句训，每个领导见了你都是礼貌性地一笑，连话都不说一句，那你就得尽快反思了：为什么我不挨骂？为什么我得不到锻炼的机会？为什么领导不重视我？

有些机关人员一生都能落个耳根清净，可以很自豪地说他没犯过一次错误，上司挑不出他的毛病。但与此同时你也可以看到，他这一生几乎没怎么升职。有的人一辈子都只能做个七品县令，名声很好，可就是得不到提拔，原因就在这里。

挨骂的不一定是英才，但一定是受领导喜欢的人。领导常让他办事，尤其总让他为自己办些私事，免不了就得斥责两句。这跟自家孩子一样，说训就训，可别人家的孩子，距离就远了，你会动不动就开口训斥吗？所以挨骂的是家人，不挨骂的只是路人。在机关中，这可是不同利益阵营的区分。就像和珅，他贪污腐败，无恶不作，皇帝也整天骂得他狗血喷头，可他就是倒不了，奥妙就在于此！

所以我们就能看到一个事实，多做多错，不做不错。凡是能干者，领导自然就会交办更重要的事。而无论是多么能干的人，事情做得多了，难免总有出错的时候。领导本就因为信任你，而让你去做。所以一旦出错，挨骂是必然。这是一个原因。另一个，是亲近者常挨骂，疏远者不挨骂。领导把你当做他身边的人，视为心腹，什么事都让你干，但心情不好的时候，他也会在你身上发泄，挑七拣八的，好像看你什么地方都不顺眼。其实他只是需要一个情绪的宣泄平台而已，骂得你晕头转向，事后他还会感激你。

领导信任的一些能干之人，也是挨骂的主要人群。领导因为信任你，对你深有冀望。而你因为一时失误，或者各种原因而辜负了领导的信任，那么你挨骂的"机会"就来了，而且这一场骂，将会是暴风骤雨。但如果你没有犯极其严重的错误，你的前途不会受什么影响，反而他会给你戴罪立功的机会。

而那些凡事做不来、凡事做不好的人，反而少有挨骂的机会。一来领导不会把重要的事情交由他们去做，这就减少了他们出错的机会，当然就更少了挨骂的概率。二来领导本就对他没有期望，或者说心底早已放弃了对这些人的要求，他就更没有骂他们的理由了。

看到了吧，如果有一天领导不再理你，骂你的心情都没了，那你离走人、离被淘汰也就不远了。所以当领导嗷嗷叫着对你开炮时，千万别伤心欲绝，你应该窃喜才对，因为这总比冷若冰霜跟你没一句话可讲的领导要好。只要你能把握住这些"挨骂"的机会，好好地利用挨骂定律，是不愁没有表现机会的。当然，挨骂表示自己做错了事情，一定要记得改正。

◆ 学会用左手剪指甲，因为你的右手未必永远管用

狡兔有三窟才能免于一死。机关多变幻，作一手的准备，还要有第二套第三套方案跟进，只有这样，才能坐稳、坐高。

备份定律不仅适用于机关，也适用于生活中的各个领域和层面。没有人可以凭借一招鲜吃遍天下，因为谁也无法保证这一招永久有效。就像剪指甲，多数人都是用右手，但我们的右手未必永远管用，所以学会用左手剪指甲，还是很有必要的。

机关是个变幻莫测的争斗场、名利场。一个人只有作多手的准备，事事都为自己提供多套选择方案，才能可进可退，游刃有余，狡兔有三窟，才能进可攻，退可守。

太自信的人不适合当领导

诸葛亮挥泪斩马谡的故事我们都知道，马谡之所以最后落了一个人头落地的下场，就是因为他太自信，对自己的要求是只能进，不能退。他不但立下军令状去守街亭，而且一点余地没给自己留。

他去了之后，在战术选择上也犯下了致命的失误，将营寨安于山丘之上，只给了蜀军一种选择，那就是只能率先发现魏军，然后冲下来杀敌，一旦被魏军围住山头，蜀军就只好坐以待毙了。

果然，形势比人强，当战情出乎马谡事先的预料时，他再想调整，已经为时已晚，蜀军大败，马谡失了街亭，回去就让诸葛亮杀了。本来丢掉一个据点，也不至于是死罪，但那张军令状可以说是马谡缺乏智慧的另一个表现。若不立军令状，还有戴罪立功的可能，军令状一立，上面写得明明白白，兵败就甘愿献上脑袋。好吧，诸葛亮想不杀他都不可能！

人若太自信，就容易独断专行，而且不给自己留备选方案，因为他相信自己那份唯一的计划一定会成功，绝不会失败。无论在战场还是在机关，悲剧就是这么酿成的。所以才有句俗话说："我不是输给了对手，而是输给了自己。"没错，兔子有三个窝，它就可以逃脱猎狗的追逐；人若多几个备用方案、备选的后路，做起事来也就不至于摔跟头或者撞得鼻青脸肿了。

为自己准备第二、第三把武器

身在机关，永远不要拘泥于一个方案、一种原则，要随时准备备用思路，灵活选用。对自己某一方面的才能，也不要太自信、太依靠，要有第二手，甚至第三手。长枪耍得再好，也要在腰里别一把锋利的小匕首。

明朝的崇祯皇帝是亡国之君，坚守京城，被李自成攻破城门，然后他无奈地吊死在山上。历史是不可改变的事实，但我们反过来想，当时真的只有这么一种选择吗？

众所周知，明朝除了北京是正都，还有一个陪都南京，有一套完整的行政体系，可以随时担负起正都的职责。其实如果崇祯早作打算，在起义军围住北京之前，就退守南京，重整旗鼓，集合明军的其余人马，就可以进行反击。如果崇祯不死，关外的吴三桂也不可能投降清军。但是他只为自己准备了一种选择、一把武器，就是在北京决一死战。没给自己留退路，结果他死了，大明朝也没有了退路。也因为他的死，吴三桂找到了投降清军的绝佳借口，带着几十万清朝骑兵杀进关来，打着"为崇祯皇帝报仇"的旗号，攻占了中原。

崇祯之死，其实就是典型的脑袋一根筋的下场。

开会也是如此，领导让我们坐到会议室，他要听的不仅是你的方案，而且还要看你的想法是否跟他保持一致。所以这就要求我们拿着多套方案进会议室，先探领导口风，体会领导的喜好，再拿出领导最喜欢的方案给他看。有些脑子一根筋的人，往往就会犯上面的错误，拿着"长枪"就进去了，去了才发现领导喜欢的是"短刀"，再临阵磨枪已经晚了，被同事抢占了先机。这种事一经发生，领导就会喜欢你的同事，而不是你了！

机关不仅仅是几间办公室、一群泡茶喝水的人，而且是一个大的生态场，足以让你窥一斑而知全豹，从中洞明世事，参透人情。如果不懂得变化，多为自己准备几张面具，做几个应对的备份，就

第十章
学会用左手剪指甲，因为你的右手未必永远管用

会临阵失机，让人抢了先，出了风头。而且我们就算为自己留退路，也不可能只备一条"华容道"。手中拿着屠龙刀，怀里穿着金丝甲，再扛一柄威力无比的霸王枪，能攻能守，进退有据，那才能从容不迫地应对机关中的各种突发状况。

◆ 领导最喜欢下边人打小报告

小报告，古时称谗言。职务越高，历练越多，心眼也就越多，需要的信息就越多。机关从来没有绝对的信任，所以小报告也就更流行。明面上的信息永远没有背地里的信息有价值。

在机关守则里有这么一条，就是你做的事情，领导要知道，而且领导也会想办法知道。但是并不代表别人做了什么，你也一定要让领导知道。领导喜欢听小报告，并通过这种方式掌握下面的信息，这就是信息定律。

作为上级，他们喜欢下属悄悄地告密，觉得这样，自己就会知道下面的人干了什么事。听小报告的领导和打小报告的员工是天生的一对。每个部门、每家企业都有，但是作为机关中人，对待打小报告的人，既要用也要防，因为你不知道将来自己倒台的时候，那封匿名信是不是他写的。

领导不喜欢小人，但喜欢小报告

一个人的职务越高，他距离下面真实的情况就越远，因为他得到信息的正规渠道需要越过很多下属，每隔一层，就会失一分真实，多一分虚假。所以小报告就开始流行了。他就需要在下面选择一些小人，通过他们得到一线的信息。比如，哪名下属背着自己在做什么，哪些人对自己不忠心，还有哪些人做事的时候不认真。

明面上的信息是有水分的，桌底下的小道消息却往往一针见血。当然我们很难阻止打小报告的人恶意诽谤中伤的情况发生，但一般而论，领导在这些信息面前是有自己的分辨力的。领导因为一些不实的小报告而整治了某人，并非因为他相信这些假消息，而多数是由于领导正想找个借口，打小报告的人不过是摸准了领导的脾气投其所好罢了。

某政府部门的一个职员，她每个星期把大家的工作状况和自己耳朵听来的会统一写成材料交给领导。但是有一次，打印机坏了，她以为她打了一份，结果是打了两份，留了一份在打印机里。很不幸，这份被同事拿到了，大家凑过来一看，个个张大嘴巴，既愤怒又害怕，因为上面连谁说了领导的坏话都有，非常详细，简直比特务还专业。

这时大家才明白，为什么最近一段时间，她工作不怎么样，却又被加薪又被表扬，原来精力都用在这上面了。从那之后，大家没有人再和她说过一句话，但同事们也不知道，领导究竟布置了多少这样的眼线，又有多少人充当了这个角色。

这就是小报告的威力。不过领导虽然都喜欢听小报告，但没几个领导会真正地喜欢这些小人。对于他们，领导大多是出于利用的角度。虽然也会加薪升职，但只是给点不痛不痒的甜头，绝不会把这样的人提拔到重要的岗位上。因为领导也担心自己的椅子被这种人一个小报告给拿了去。

历史上，有多少告密者都是在利用价值失去之后，被一刀夺了命的。用完就杀，这是古代的高官显贵们对待小人的态度。通过这种态度，做领导的就可以让下属之间互相监督，还可以制造一种"恐怖氛围"，防止有人在背后随便说自己的坏话。

小心被人打小报告，就得为自己安上"第三只眼"

身在机关，让人背后捅了刀子，处理的方式无非是申辩、解释或者指责。这都已经毫无意义，只会给人落下小气和计较的印象，从而给自己造成一个不利的工作环境。而且领导还会更坚定地认为"小报告"的内容是真实的，对你的印象更不好。

阎王好见，小鬼难缠。对小人就要尽量不跟他有矛盾，否则他就会无中生有、造谣诽谤，找机会向领导"告发"你。因为喜欢打小报告的人都有一个特点：只看到别人脸上的一点黑，却没有看到自己一脸的黑。他们乐此不疲，并不觉得是什么羞耻之事。

所以你首先要做的，是注意自我保护，减少让人抓住把柄的机会，为自己安上"第三只眼"，时刻观察办公室的形势，看清事态，认清人，防止有人套取你心中的秘密；其次，对付小人既要防范，还要团结。提防小人的最佳策略是成为小人眼中的"朋友"，他觉得你跟他是一伙的，就不会背后打你的小报告了。

理解"小报告"——有坏处也有好处

凡事有利有弊，领导身居高职，可谓"高处不胜寒"。他们一般情况下很难听到真话，身边全是拍马屁的。下属做错了事，都会先隐瞒，或者尽量减轻罪责，只拣好听的或不太坏的说，领导就成了睁眼瞎。要去伪存真，他只能利用下面的小人，用小报告来探听实情。

从这一点来说，小报告不仅有坏处，好处也很大。因此，要想前途好，混得开，你就得理解"小报告"。因为做领导的高高在上，不可能事无巨细地深入到每一个角落，他对盲区的了解就得靠那些打小报告的小人，我们身边也真的存在很多专门做这些事的小人，因此就被领导利用了。

虽然领导离不开打小报告的人，但也不会真正重用打小报告的人，他知道小人不可信。小人会一时得势，但绝不会做强做大，它们只是强者的附庸。如果你明白这一点，相信你在机关就会知道自己该怎么做了。那就是巧妙地避开小报告的伤害，并时刻谨记：不到万不得已，莫打别人的小报告，因为小人做不得。做了小人固然一时得意，但却会换来一世失意。

◆ 难以说清的小事最要命

所有的人都知道1+1=2，但是求证1+1为什么等于2却要花费很长时间，其中涉及的可能不仅仅只是数学、逻辑的问题。在机关中，看起来再简单不过的问题，当摆出来时，也就是大问题。

在机关中,"问题"就意味着"麻烦"。最简单的问题往往会被拿出来当做整人的最厉害的杀招。刘伯温有句话：小大由之（语出《论语》）。任何事，都可小可大，可简单可复杂，全看皇帝的需要。就像我们都知道 1+1=2，任何时候都是如此，可当有人非让你证明为什么会等于 2 时，你是不是立马会感觉这个问题不简单了？而且更重要的是对方其实并不想知道这个问题的答案，而是他在故意刁难你。

这就是问题定律：简单的问题重新提出来，意味着背后的动机很复杂，你就得小心再小心。所有危险的发生，其过程都很简单，甚至让你意想不到，因为人在机关就得睁大眼睛看清楚，提着心肝想明白，对任何微小的问题，都不可掉以轻心。

难以说清的小事最要命

有些问题，它是什么很容易搞清，为什么却难以说清，尤其当一件事被放到很高的高度上时。有句话叫"此一时，彼一时"，很多领导整人，都是把过去一件很简单，而且已解决的问题拿出来，作为把柄，把对手整死。尤其那些难以讲清的小事，几千年来，不知有多少机关人员在这上面落马，输得一塌糊涂，死得不明不白。

某部门新来的科员刘某，有一天上午他手头没什么工作，就打开电脑玩扑克游戏，不小心被领导看到了。他急忙关了游戏，胡乱找些资料翻看。领导微微一笑："小刘啊，别紧张，工作做完了，休息调整一下没什么的。"领导和颜悦色，让小刘大为感激，心想我来这儿真是来对了，碰到了这么好的上级。

事情过去没几天，部门在业务上出了问题，大领导开会把他们狠狠地批评一顿，领导心情不爽，召开内部会议，眼睛扫了一眼，看到了小刘。小刘本想迎合一下领导的眼神，结果领导的脸色已经变了，勃然大怒，吼道："我们为什么工作做不好？为什么？小刘就是一个很好的表现，上班打扑克，无所事事，把单位当成自己的家，想干什么就干什么，还能干出什么成绩？"

小刘一听赶紧站起来，为自己辩解："当时我已经把手头的工作处理完了，才稍微放松一下的，这个您当时……"

"还狡辩！"领导根本不给他说话的机会，把桌子一拍，"做完了？你要真的把工作做好了，现在我们还能惹上这种麻烦？"

这一来一往，小刘是百口莫辩，跳进黄河也洗不清了。在这个会议上，小刘一下就成了反面典型，成了所有问题的替罪羊。当时打扑克本来是很简单的事，领导看见了，也没说什么，结果现在却旧事重提，一下就上升到了很严重的地步。小刘越想越委屈，这才明白机关是多么难混，事事都马虎不得，一点不能大意。从此，他就再也没在办公室玩过游戏。

想永保安全就得防微杜渐

人在机关，没人有义务告诉你应该注意什么事情，所以再细小的问题也不能忽视，要防微杜渐，防止有人把发生在自己身上的简单事搞复杂。要想不掉进这种问题定律的机关陷阱，我们就要尽量不在小问题上摔跟头，其中最重要的就是养成谨小慎微的习惯。既然机关是个盛行抓小辫子的地方，那我们干脆就把小辫子剪掉，永远别让它长出来。

一个小孩在玩一个荒唐的游戏，柏拉图就过来责备他。小孩说："就因为这点小事，你就要批评我啊，你看，这有什么大不了的呢？"柏拉图回答说："如果小毛病养成了习惯，小事可就不是小事了。"

用问题定律来看的话，小问题之所以被搞复杂，恰恰因为我们在处理小问题时，没能"斩草除根"，没能杜绝它被别人小题大做的可能。所以问题的关键并不在于1+1为什么等于2，而是我们要让对方没机会问出这个问题。否则，处事总是马马虎虎，做人总是不谨慎、不严密，终究会让别人抓住机会，用一些最简单不过的问题向我们发难。你若输在这上面，那可就太冤枉了！

◆ 小灶有营养，大锅饭多不精

往往越多人参加的会议，会议的内容可能并不重要。

相反，领导办公室偷偷召开的小会议倒是十分重要。

小圈子定大事，大会议却是走过场。所有重要决议都将在会议结束或者午餐前最后五分钟完成，中间的漫长时间不过是走过场、练耐力。参加的人越多，会议的内容反而是在讲空话练口才，而真正重要的问题却都在主要领导之间召开的秘密会议中决定。这就是机关的会议定律。

有句话特别流行，讲的就是机关这种现象：小事开大会，大事开小会，特别重要的事不开会。而且你会发现，人多的会议不重要，重要的会议人不多；解决小问题开大会，解决大问题开小会，解决关键的问题不开会，不解决问题时却老开会。归根结底一句话，会议的价值是由出席会议的人数决定的，记住，不是正比，而是反比！

汉武帝时，当时的中国有内廷与外廷之分，都是经常开会决议军国大事的。但外廷摆门面、装样子，虽然文武百官上百号人都参与，闹哄哄的很隆重，都觉得自己跟主人翁似的，其实重要的问题皇帝早就心中有数了，他们站在下面唯一能做的就是听皇帝训完话，再举手表示同意。真正起着决定作用的，是汉武帝和少数几个心腹才能参加的内廷会议。汉武帝要决定什么大事，就会事先把这几个人召进宫去，开个闭门小会，定定基调，统一口风，商量第二天的早朝怎么对付满大殿的那群大臣，然后就是朝会上照本宣科地演示一遍而已。

汉武帝开创的这一套会议程序，在中国延续了两千多年，后世的很多皇帝都学到了手，今天的机关更是已经发扬光大，成为了一种潜规则。大会开始之前，必然是领导之间的秘密小会。所有的重要问题有了答案，再到大会上面去表演，去宣读。当然，在大会上也不是没有争议，也并非无人出来唱几句反调，但大多数情况下，争论都是在私下里了结的，该摆平的，按理都在底下摆平，私下里的交涉无非在酒桌上、青楼中，那里才真的是中国大人物开会议事的场所。

英国有部经典电视剧叫做《是，首相》，里面官僚形象的代表汉弗莱有句名言，说的就是这个开会商量问题的道理："一般而言，我们会提供三种选项。这三种选项无论大家选择哪一种，对我们都是最有利的，而且看上去是经由民主原则作出的决定。"汉弗莱对议会后座议员的讽刺，更是充满了对开会的调侃，因为所有重要的问题，不过是他这个首相常任秘书和首相在小办公室商议决定好的，然后再拿出三个经过包装的无论怎么选都是唯一方案的选项，放到会议上去讨论。

拿到会上讲的话，讨论的议题，基本上没有"不利于团结"的。因此，机关的会议就是一个程序，大事小事决定下来怎么办的程序，该怎么办，其实私下里都安排好了。不过，尽管是议一些早就定下来的事情，会上的议论依然要一本正经，表态说官话的时候，必须严格按照机关人员的地位、身份，依照等级秩序排列，谁先说，谁后说，绝对不能越级抢话。谁如果没有按照事先商量好的办，按约定好的说，就算不会当场把你驱逐，事后也没有好果子吃，肯定吃不了兜着走。

不只机关，职场亦是如此，盛行私下商议，开会走形式，过程序。每有大事，几个握着实权的巨头把事情都商量好了，开会的时候再摆出来，弱势的一方即使有意见也成不了气候，只能忍气吞声。

因此，人在机关职场，谁如果经常被叫去开小会，那可是"受重视、有实权"的证明。营养贵精不贵多，小灶有的是营养，大锅里装的却只是一些杂烩菜。如果一个人只能是随着大流旁听一下大会，从来没被领导开过"小灶"，那他在机关离守得云开见月明的时间只能是遥遥无期啊！

◆ 三人共牧一羊，羊不得食，人亦不得息

让三个人共同负责一件小事，虽然三个人都很努力地去做，但是，事情却可能没有让一个人单独去做要有效率。

"三人牧羊定律"和责任分散定律在某种程度上有类似之处，一件事如果让一个人做，他会做得很不错，但如果交给三个人，则效率立降，出错的概率也会增加。这就是三个人抬水没水吃，还不如轮流由一个人去挑水。

共同负责就意味着无人负责

《新序》曰："三人共牧一羊，羊不得食，人亦不得息。"让三个人把一只羊牵到草原上，然后命他们看好这只羊。结果怎么样？三个人累得够呛，羊饿得半死。为什么会出现这种状况呢？就是因为没分清责任。共同负责就意味着无人负责，三个人你推我阻，谁也不想具体出力，分工不明，事情就做得丢三落四。到最后你要追究责任的时候，也搞不清楚到底是谁的错。

这个故事跟《三个和尚》讲的是同样的道理，共同负责一件事，人就有推卸责任的心理，心想反正他们也有份，我得少出点力，让他们多出力。人人偷懒，任务就懈怠了。那还不如指定一个和尚下去担水，大家还能多少喝到一些水呢！

北宋时期，有一次黄河发水，皇帝派了两名机关人员共同去治水，结果是越治水患越大，一查才知道，两名机关人员去了之后，争执不下，都想按自己的方案来，几个月的时间，哥俩光扯皮内讧了，正事一件没办。他把两名机关人员调回来治罪，另派一人前去治水，坚持按一个方案治理，两个月不到，水患已然平息。

这让我们联想到部门之间的扯皮推诿，根源就是分工不明、责任不清。看上去好像每个部门都有份，其实最后就是各个部门都不想出力，盼着其他部门把事情解决。责任是共同的，可事情却是谁也不想做的。

"一人牧一羊"效率才最高

从牧羊定律就能看到，无论做任何事，责任都要细化，每个人都有各自该做的事情，并且考核要到位。从"三人牧一羊"变成"一人牧一羊"，羊能吃饱了，人也不会太累，而且还省了内耗和争斗。将共同的责任变成单个的对应责任，这对机关或企业中的管理来说，才是真正的进步。

为什么这么说呢？"一人牧一羊"，他就没有了偷懒的借口和机会，因为除了他自己，没人会帮他，他也找不到挡箭牌，所以只能完成任务再休闲。如果是两个人或三个人，几个部门纠缠在一起，那就只剩扯皮了，事情就在那儿晒太阳，效率差得惊人。

当然，这并非不鼓励团队合作，而是告诉我们，合作的前提是分工明确，各自管好自己的一亩三分地。就像流水线一样，每人负责一个零件，组装起来，就是一部完整的机器，这正是最佳模式的团队合作。

然而遗憾的是，很多领导并不懂得这个道理，做事的时候还是

"大锅饭"，奖励的时候却成了某些"红人"的独角戏。这就在部门内制造了一种不公平和消极不作为的氛围。事实上，今天的社会中很多问题的发生都是由于这个原因。"三人牧一羊"，既牺牲了效率，也牺牲了公正。

◆ 你是"机关狼"，还是"机关羊"

有绵羊的地方，就有狼来搅局。在机关中也是如此，有老实人，就有欺负老实人的人，自然还有帮助老实人的人。

常言道："水至清则无鱼。"天下有好人就有坏人，机关有好同事就有坏同事，一个人有朋友就有敌人。还有句话说："不是冤家不聚头。"没错，你之所以老感觉冤家路窄，就是因为组合定律在发挥作用：不管你干什么，你总能碰到知己和敌人，形成一对故事不断、精彩纷呈的组合，你需要充分利用盟友的力量去抗衡对立的势力，才能把事情做好。

机关有羊就有狼

"机关羊"是多的，因为总有想做些实事的人，他们有理想，有道德，不喜欢算计人，只想在机关靠实干混出点名堂。但他们不可避免地会遇到"机关狼"——坏人坏官，因为利益的对立，跟你对着干，设置路障，背后捅刀子，无所不做，不择手段。所以有羊的地方就有狼，没人能摆脱这个规律。

古代每当遇有灾害时，朝廷就会开仓赈灾，委派得力之臣下去监督粮食的发放。每当这时，那些贪官污吏也就露头了，都想从中分块蛋糕。换言之，在机关中只要涉及利益时，就是一场好官与坏官的大聚会、大碰撞。

这是机关与职场的人事规律，利益纠葛，派系林立，你总能找到自己的阵营，也总是摆脱不掉对立的利益阵营。因为稳定的状态就是利益的平衡，不可能全是好官，也不可能全是坏官。要在机关中站稳脚，首先就得接受这个现实。

《手机》里的费墨有句话：天下事最怕结盟。其实，不结盟反而不正常，结盟的原因是有对手。羊和羊结盟，狼也和狼结盟，合起伙来对付共同的敌人。所以即便再简单的事，要想真把它做成也是有难度的。因为对手一介入，简单就变成了复杂，复杂就有了凶险，稍有不慎，你就让狼咬一口，轻则摔一跤，重则丢官，甚至有性命之忧。

领导的故意安排

为什么好人总能遇到坏人，好官总能遇到坏官？为什么总有人跟你过不去？你还要知道，这是领导喜闻乐见的场面。领导希望下属有派别，有争斗，他们不希望下属团结得像铁板一块，那样他就没办法控制，而且很可能被架空。所以领导会故意安排这样的组合。

这就是为什么朝廷中的奸臣总是除不尽的根源了，皇帝既需要张居正这样的能臣，也需要魏忠贤这样的大奸之人。因为能臣太能干，眼睛里又揉不得沙子，即使皇帝做了错事，他们也会进谏，要求皇帝改正。皇帝为了抗衡这种局面，就会重用小人和奸臣，所以从古至今，贤相的实力很强时，奸诈小人也会得势，皇帝让他们斗得你死我活，他好从中得渔翁之利。

领导为什么希望这样？只有属下分成两派，互相争斗时，这些人才都希望从领导那里得到支持，才会对他忠心。他们彼此揭对方的短，领导才能得到真实的信息，掌控局面。

做事不要一相情愿

想在做事时遇到的完全是自己的人，这是一相情愿的。有时小人出来挡道，未必他就真的是小人，还可能是领导的安排。领导用君子来做事，然后用小人来监督君子，用小人来制衡君子，以此保证自己的地位不受威胁。

所以我们在做事时必须小心，千万不可理想化，但也不必绝望。因为机关就是这么一个各就其位、各有所用的丛林，每个人都有自己的用处。老实人自然也能找到自己的位置，只要不犯在小人手里，对小人敬而远之，对领导忠心不二，即便逃脱不掉组合定律的影响，也无什么大碍。

具体来说就是，有帮助你的人时，你不必得意忘形，因为一定会有敌视你的人；遇到敌对者，也不必太生气，因为你也能据此找到盟友。这是机关独特的生态游戏，如果想在机关中有所作为，就得接受这样的现实。

◆ 清楚组织底细的人应该被开除

清楚组织底细的人，当他做出背叛组织的事情时更可怕。

所以底牌握在自己手里才是最牢靠的。为了避免伤及无辜，即使相信某人，也不要把底牌告诉他。否则，时间一长，信任不在，就可能多了一个危险的敌人。

一个知道你底细的人，有一天他背叛了你，后果是非常严重的。因为他对你知根知底，可以彻底地把你出卖，让你死无葬身之地。所以才有句话说：最可怕的不是敌人，而是朋友。这是由于朋友往往比敌人对我们更了解。我们通常都防范敌人，而对朋友却毫无戒备，什么都告诉他。对一个组织而言也是这个道理，内部的人最危险，掌握秘密最多的人，也是最应该被清除的分子。这就是机关中的康威尔组织定律：知道底牌的人，他很快就要消失了。

朱元璋原本是小明王的手下，在反元起义中，他的军队挂靠在小明王的旗下，虽说实质上是自己的私军，名义上却还是小明王的臣子。所以当朱元璋打下的地盘越来越多时，小明王就给他发来了圣旨，宣布自己要搬到朱元璋的所在地金陵。

此时，朱元璋正准备称王称帝，他哪会把小明王看在眼里？就让手下的大将廖永忠率领水军去接小明王，名为迎驾，临行前却暗地里对廖永忠暗授机宜，在来的路上杀死了小明王。绊脚石一死，朱元璋很快就称帝了。但是事情还没结束，因为杀死小明王的秘密还藏在廖永忠的心里。廖永忠也不是傻瓜，他知道朱元璋要找机会杀人灭口，于是就装疯卖傻，还当着朱元璋的面喝泔水，傻得不成样子。他就是想用这种形象告诉朱元璋:"你的秘密我不会说出去了。"

但他最后还是没躲过这一劫,因为他知道朱元璋的底细,这就已经判了他的死罪。

所以当领导告诉你一些不可告人的秘密时,你不要兴奋地觉得这是领导对你的信任,是把你当自己人。其实这是在害你,你成为了他的棋子,将来也会成为弃子。"狡兔死,走狗烹。飞鸟尽,良弓藏。"猎狗通常知道主人在想什么,想得到什么,它也会尽力帮主人去捕杀那些美味的猎物,但当草原变得干净、再无猎物可杀时,主人就要取刀杀狗了。

对于你,在机关或职场混的人来说,你从这条定律应该学到些什么?

首先,不要试图知道某些事情的真相,那并不美妙,组织的真相一点都不可爱,相反还是一种凶险。一旦你知道了,就等于惹上了麻烦,要么你控制了组织,要么组织把你清除。

廖永忠只是历史上千千万万的例子中的一个。电视剧《康熙王朝》中有这样一个情节:容妃被皇帝罚去刷马桶,因为过度劳累,被塌了车的马桶砸死了。一个贵妃以这种方式死掉,对皇家来说是难以启齿的丑闻,康熙来了一看,立刻下令,把所有知道这件事的太监一个不留全都杀死了,还美其名曰:"照顾容妃不周。"其实他是害怕丑闻暴露。电视剧《传奇皇帝朱元璋》中,朱元璋在皇觉寺当和尚的一个好友听说他当了皇帝,兴冲冲地跑到大殿上讨官做,还大谈特谈当年的事。结果怎么样?官没要到,差点没掉了脑袋,

第十章 学会用左手剪指甲,因为你的右手未必永远管用

多亏马皇后说情，才免去一死，只割掉舌头了事。皇帝不堪的过去，就是"组织"最大的秘密，谁知道谁倒霉，何况他还嚷嚷出来。

其次，永远不要亮出自己的底牌，哪怕对你最亲近的人。在机关中，人与人之间没有友谊，只有利益。互相都是利用的关系，谁也不能保证今天的战友，明天就不会变成势如水火的仇敌。真到了那天，你今天吐露的底牌，就成了他对付你的绝佳利器。

我们常听到有些人咬牙切齿地痛诉："都怪我瞎了眼，看错他了，我对他那么好，教会他那么多东西，什么事都跟他讲，结果他还反过头来伤害我！良心让狗吃了！"其实重要的不是背叛者的良心有没有让狗吃了，而是这些人根本不懂得自我保护的极端必要性。

人在机关，七分假，三分真。最后一张牌永远揣在口袋里，不到万不得已，绝不能甩出来。一个人要想在机关中吃得香、喝得辣、混得开，就得记住这句话：有时候自己都不可靠，何况别人？没有人会真心实意地帮助你，更不会有人终生为你保守秘密。所以我们还是把秘密锁在心里吧，它就是你的未来前程、身家性命！